象棋入门与提高

象棋布局精要

刘锦祺 编著

化学工业出版社

·北京·

图书在版编目（CIP）数据

象棋布局精要 / 刘锦祺编著. —北京：化学工业出版社，2015.7（2024.2重印）
（象棋入门与提高）
ISBN 978-7-122-19372-8

Ⅰ.①象… Ⅱ.①刘… Ⅲ.①中国象棋-布局（棋类运动） Ⅳ.①G891.2

中国版本图书馆CIP数据核字（2014）第000061号

责任编辑：史 懿　　　　　　　装帧设计：关 飞
责任校对：战河红

出版发行：化学工业出版社（北京市东城区青年湖南街13号 邮政编码100011）
印　　装：大厂聚鑫印刷有限责任公司
710mm×1000mm　1/16　印张13　字数181千字　2024年2月北京第1版第13次印刷

购书咨询：010-64518888　　　　　　售后服务：010-64518899
网　　址：http://www.cip.com.cn
凡购买本书，如有缺损质量问题，本社销售中心负责调换。

定　价：29.80元　　　　　　　　　　　　　　　　　版权所有　违者必究

前言

在象棋全盘对局中，布局为一盘棋的第一阶段。可以说布局是全局的基础，其运用成功与否，直接影响全局的战斗。因此，重视布局的学习，认识和掌握各种布局的攻防战术规律是提高象棋技战术水平的重要方面。

全书内容共分十章，第一章侧重讲解布局的理论，由浅入深逐步讲解布局的基本阵形、各种阵形的特点和战略分析以及布局的最核心问题——子力效率。第二章到第九章分类详解流行布局定式。考虑到初中级棋手学习和运用中炮布局的概率较高，因此，这部分重点讲解了各种中炮类流行布局。第十章根据本人的教学经验总结了学习布局的方法，从四个方面来讲解如何学习好布局、初中级棋手如何提高布局水平。这部分内容也是本书的精华，希望读者加以掌握。望本书能对广大象棋爱好者和业余棋手提高象棋布局水平起到一些指导作用。

本书在编写过程中，得到化学工业出版社的大力支持，得到象棋大师赵庆阁老师，以及杨典、林彩喜、谢廷星、荣玉杰、刘家相、张志强、李志刚、范思远、霍美勇、闫兴军、刘素霞、林红、刘刚、崔雅贤、刘力、杨春青、王超、于淼、顾春华、秦丽、高巍巍、吕春红、董微、王志梅、李洪、张若男、金玉英、牛咏梅、陈晓红、谭鑫、常玲双、王金等各位老师的帮助，谨在此致以谢意。

由于编写时间仓促，书中不足之处，敬请批评指正。

刘锦祺

2015 年 5 月于锦州

第一章 布局基础

第一节 红方的第一步 …………………………………………… 002

第二节 中炮局的常见应法 ……………………………………… 009

第三节 飞相局的常见应法 ……………………………………… 015

第四节 起马局的应法 …………………………………………… 020

第五节 进兵局的应法 …………………………………………… 024

第六节 布局理论核心——效率 ………………………………… 030

第二章 顺炮布局定式解析

第一节 顺炮直车对横车 ………………………………………… 036

第二节 顺炮横车对直车 ………………………………………… 052

第三节 顺炮直车对缓开车 ……………………………………… 056

第三章 列炮布局定式解析

第一节 大小列手炮 ……………………………………………… 062

第二节 左炮封车转列手炮 ……………………………………… 066

第四章 中炮过河车对屏风马平炮兑车

第一节 红方七路马盘河 ………………………………………… 072

第二节 五九炮过河车对屏风马平炮兑车 ……………………… 077

第三节 中炮过河车对屏风马左马盘河 ………………………… 087

第四节　中炮过河车屏风马平炮兑车红方急进中兵…………… **097**

第五章　中炮直横车对屏风马两头蛇
第一节　红方邀兑七兵………………………………………… **106**
第二节　红方邀兑三兵………………………………………… **109**

第六章　五七炮对屏风马
第一节　五七炮进三兵对屏风马……………………………… **118**
第二节　五七炮不挺兵对屏风马进7卒………………………… **127**

第七章　中炮对反宫马
第一节　五六炮对反宫马……………………………………… **138**
第二节　五七炮对反宫马……………………………………… **144**

第八章　炮类的其他布局
第一节　过宫炮布局…………………………………………… **150**
第二节　中炮进三兵对三步虎………………………………… **156**

第九章　柔性布局
第一节　飞相局………………………………………………… **162**
第二节　仙人指路布局………………………………………… **170**
第三节　起马局………………………………………………… **178**

第十章　布局学习方法
第一节　布局的演进…………………………………………… **182**
第二节　布局的手顺…………………………………………… **190**
第三节　布局练习的方法……………………………………… **194**
第四节　建好自己的布局库…………………………………… **198**

第一章 布局基础

本章讲解的是布局方面最基础的内容，第一节主要针对零起点的读者怎么选择布局，布局第一步如何去走，而设计的有针对性的内容，本节中通过对红方第一步走法的讲解，引入布局阵势的概念及战略、战术特点，内容简单，但是非常重要，这是棋手选择布局的基本功之一，读者务必熟记。第二节到第五节简单介绍了双方的阵形展开要点及攻守要津。第六节讲解了布局原则，通过对布局原则的掌握和运用，可有效提高布局效率。

第一节　红方的第一步

通常情况下,红方第一步不可走的只有两步棋:第一是兵五进一(如图1-1);第二是帅五进一(如图1-2)。

当红方第一步走兵五进一,黑方炮2平5或炮8平5,由于红方中兵冲起后,失去保护,黑方轻易取得空头炮的优势,反击力极强。

而红方第一步走帅五进一以后,帅位不安,于攻于守都是非常不利的。以下黑方炮2平5,马八进七,马2进3,帅五退一,车1平2,形成如图1-3的局面。

这样原本是红方先走的第一步,反变成红方只走了一步马八进七,黑方却连走炮2平5、马2进3、车1平2三着棋。这样实质上等于红方

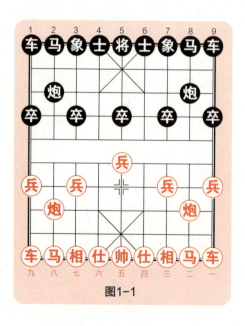
图1-1

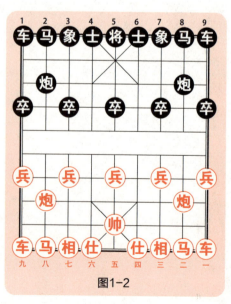
图1-2

让了黑方两先棋,这两先棋在实战中有很大优势,红方得不偿失,所以实战中很少有走帅五进一的。此外,从棋德上来看,红方先走帅五进一带有轻视对手的色彩,这是对对手的不尊重。

那么红方的第一步棋有多少种走法呢?大体分为四类:走炮、飞相、起马、挺兵。

下面我们具体地讲解一下布局名称与战略意图。

图1-3

一、炮类布局

本节内容都以右起为例。

1. 中炮布局——炮二平五或炮八平五

如图1-4,走中炮是象棋布局中最直接也是进攻性最强的着法。学习象棋开局,一般先学习中炮布局。

2. 士角炮布局——炮二平四或炮八平六

如图1-5,红方第一着走炮二平四或炮八平六,因炮安于士角,故得名。这一布局最早见于《橘

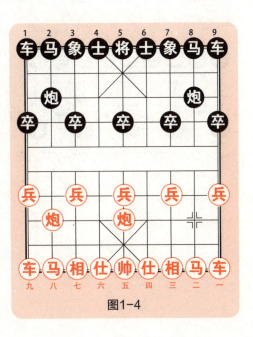

图1-4

《中秘》,有"炮向士角安"之说。其作用为利于上马出车,是一种伺机而进的稳健战术。

3. 过宫炮布局——炮二平六或炮八平四

如图1-6,红方走炮二平六或炮八平四,因经过帅（将）的中宫而得名。先手走过宫炮,有利于上马出车,迅速开动主力,攻守相宜。过宫炮阵形的优点是集中火力于一翼,子力结构良好；但若运用

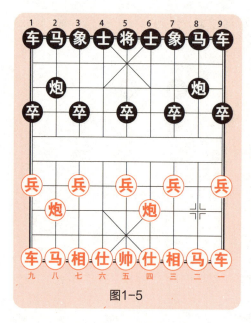

图1-5

不当,会造成自相拥塞的情况。

4. 金钩炮布局——炮二平七或炮八平三

如图1-7,金钩炮是一种冷僻的布局,虽在高级别的比赛中出现

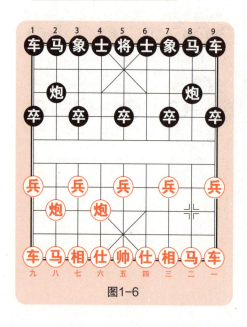

图1-6

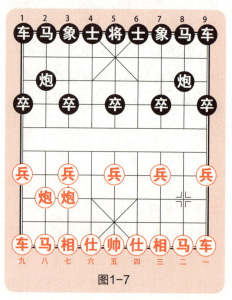

图1-7

的频率不多，但它是职业棋手的必修布局之一。它的目的是把棋子归于一边，但是一旦子力位置调整不好，就会造成本方子力拥塞，易为对方所乘。

5. 其他下法

红方另有两种炮的下法：巡河炮（图1-8）、过河炮（图1-9）。不过这两种下法针对性不强，很少在实战中出现。

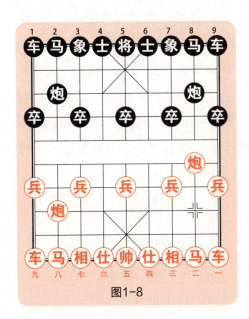

图1-8

图1-9

二、相类布局

1. 中相布局——相三进五或相七进五

如图1-10，在象棋开局时，红方首着走相三进五或相七进五，即为"飞相局"，因涉及走子方向的习惯，实战中大多选择飞右相（即相三进五），故而又有"飞正相"之称。

早在明清时期的象棋谱中，飞相局已略有记载，但因受时代的局

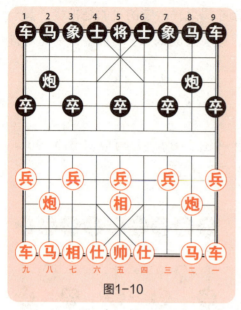

图1-10

限,作者未能客观地予以论述,而是一厢情愿地将飞相局引入歧途,无情地将它打进冷宫。因此导致相当长的一段时期内,飞相局在临枰对阵中难觅其踪,被人遗忘。可喜的是,自20世纪60年代以来,飞相局在多种比赛实践的推动下,有了长足的发展。尤其是步入20世纪80年代,在以胡荣华为代表的象棋精英们的努力发掘下,飞相局的研究得以深入发展,从本质上根除了飞相局只是消极防守的错误观念,其寓攻于守的战略思想颇得名家推崇。时至今日,飞相局已自成体系,并日臻完善,是当前最流行的布局之一。

2. 边相布局——相三进一或相七进九

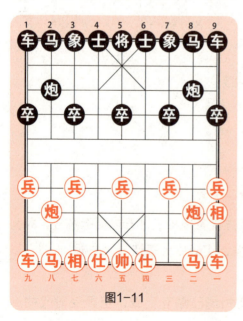

图1-11

如图1-11,红方走相三进一或相七进九的,称为"飞边相",不过这种边相布局意义不大,反而使对方能及时反先,故现在对局时很少使用。

三、马类布局

1. 正马布局——马二进三或马八进七

如图1-12,起马局一度被认为是为了拉长战线,比拼中残局功力而为棋手所选择。同时起马局也是稳扎稳打的一种表现，对于后手喜攻好杀的人是一个考验，因为后手为了引起激烈的变化，其中的一个选择就是走成中炮的架势，而先手起马无论对付后手哪一方向的中炮，都可以游刃有余地转变成先手屏风马、反宫马或三步虎对抗中炮，由于黑方后手都可以用这些着法与红方抗衡，所以红方可以稳持先手地进入预想的局面。

图1-12

2. 边马布局——马二进一或马八进九

如图1-13，通常情况下认为边马的攻击力不如正马，但是马屯边也有一定好处：可以加快车炮的推进速度，同时能防止对方的马在这一边形成卧槽马的攻势。这种开局属于一种冷门布局。通常在比赛中出现是为了达到出其不意的目的。表面看起来边马局很弱。但是一马屯边以后仍保留了另一侧的炮再架中炮的机会，仍可形成五七炮、五六炮的变化，或者再形成先手单提马的变化，这就是边马局存在的原因之一。

从近年的实战来看，边马局是一种比较平淡的开局，更多考验的是棋手随机应变的能力和对局面的理解能力。虽然它不如仙人指路多变，不如飞相局稳健，不如中炮进

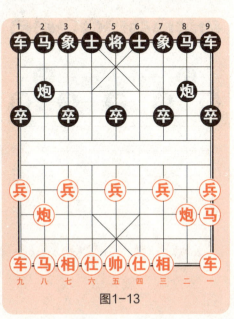
图1-13

攻直接,但是也不失为一种以有备对无备的布局方式,以达到出其不意的目的。

四、兵类布局

1. 仙人指路布局——兵三进一或兵七进一

图1-14

如图1-14,仙人指路指第一步走兵三进一或兵七进一。因一子当先,意向莫测,有试探对方棋路的意图,故得名。仙人指路是一种刚柔相济的布局,是当今棋坛最为流行的布局之一。

2. 九尾龟布局——兵一进一或兵九进一

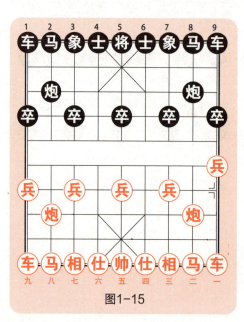

图1-15

如图1-15,开局第一步便走兵九进一或兵一进一,是较冷僻的布局,此布局实战中极为罕见。其战略思想类似于边马局,以旁敲侧击的战术向对方发起进攻。弱点是过早地暴露己方的意图,易反被利用。属于冷僻布局着法。

通过以上的讲解,我们基本了解了红方在开局时第一步走棋的要点及攻防战略思想,希望读者牢记,这是学习象棋布局的第一步。

第二节 中炮局的常见应法

象棋的行棋方式是红黑双方交替行棋,红方走出第一步棋以后,黑方必须做出应对。那么黑方常见的应对方法都有什么,双方又会形成一个什么样的典型阵势呢?这是我们本节中要探讨的主题。

当红方第一步棋走炮二平五以后,黑方有多少种应法呢?

通常黑方有四种选择:炮8平5、炮2平5、马8进7、马2进3。

1. 黑方炮8平5形成顺炮系列阵势

如图1-16,黑方应以炮8平5,双方形成顺炮布局。

顺炮布局源远流长,远在宋代的《事林广记》中就有两则记载,而在明代《橘中秘》问世后,顺炮布局已初具规模。由于顺炮双方争夺的焦点趋于中心地带,往往布局未几即会展开紧张激烈的厮杀,因而备受攻杀型棋手的青睐。在众多棋手的潜心挖掘和不断探索下,该布局渐渐地由量的积累达到了质的飞跃,现已形成了顺炮直车对横车、顺炮横车对直车和顺炮直车对缓开车三大体系。

图1-16

（1）顺炮直车对横车

布局过程：

① 炮二平五　　炮8平5

② 马二进三　　马8进7

③ 车一平二　　车9进1

（图1-17）

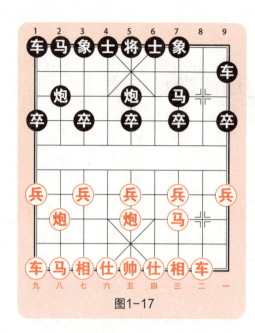

图1-17

第三回合中红方先出右直车，而黑方则车9进1出横车，形成了顺炮直车对横车的基本阵形。以后红方可以选择车二进六、兵三进一、马八进七等应法。

（2）顺炮横车对直车

布局过程：

① 炮二平五　　炮8平5

② 马二进三　　马8进7

③ 车一进一　　（图1-18）

第三回合红方起横车形成顺炮横车的阵形，黑方可以选择车9平8出直车，也可以选择马2进3以后待机再走车9进1等选择。

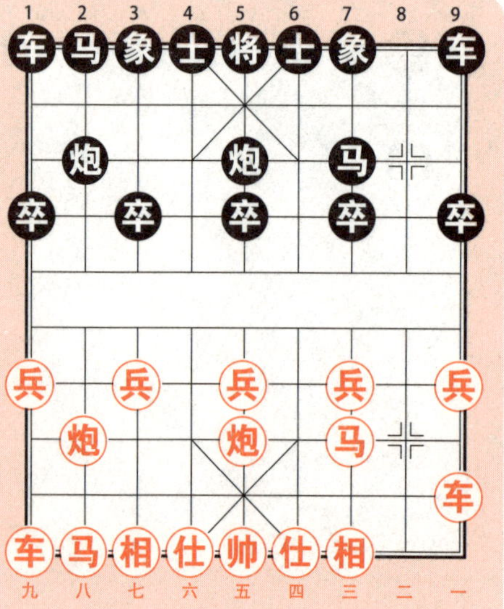

（3）顺炮直车对缓开车

布局过程：

① 炮二平五　　炮8平5

② 马二进三　　马8进7

③ 车一平二　　卒7进1

（图1-19）

红方第三回合出直车以后，黑方选择卒7进1抢先活通左马，左车待机而动。形成典型的顺炮直车对缓开车阵势。以后红方可以选择

图1-18

马八进七、兵七进一等应法。

2. 黑方炮2平5形成列手炮系列阵势

如图1-20，黑方应以炮2平5形成列手炮布局，又叫逆手炮布局。具体可以分为大列手炮布局和小列手炮布局。

（1）大列手炮

布局过程：

① 炮二平五　炮2平5

② 马二进三　马8进9

③ 车一平二　车9平8

（2）小列手炮

布局过程：

① 炮二平五　炮2平5

图1-19

④ 马八进九　马2进3（图1-21）

② 马二进三　马8进7

图1-20

图1-21

③ 车一平二　车9平8

④ 马八进七　马2进3

（图1-22）

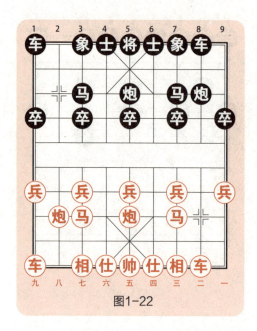

图1-22

3. 黑方马8进7系列阵势

（1）中炮对屏风马

布局过程：

① 炮二平五　马8进7

② 马二进三　车9平8

③ 车一平二　马2进3

（图1-23）

黑方双马正起，像一道屏风，故称为屏风马。对抗中炮最强最有弹性的防守性布局是屏风马阵势。中炮对屏风马布局经过几百年的演变，已经成熟。事实证明，中炮进攻性强，且可根据形势发展演变为五六炮、五七炮、五八炮、五九炮，而屏风马反弹力强，可应付所有中炮类布局，两者势均力敌。中炮对屏风马布局类型包括：中炮急进中兵对屏风马平炮兑车、中炮直横车对屏风马两头蛇、中炮七路马对屏风马双炮过河、中炮过河车对屏风马右炮过河、中炮过河车对屏风马左马盘河等。

（2）中炮对左炮封车

布局过程：

① 炮二平五　马8进7

② 马二进三　车9平8

③ 车一平二　炮8进4

（图1-24）

图1-23

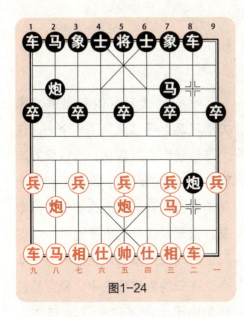

图1-24

图1-25

黑方炮8进4左炮封车，压缩红方右车的活动空间，双方易展开复杂的争斗。以下红方可以选择兵七进一、兵三进一等应法。

4. 黑方马2进3系列阵势

如图1-25，黑方先跳右马，阵形更富于变化，除可以演成屏风马阵形以外，还可以演成反宫马、单提马等阵形。

（1）中炮对屏风马

布局过程：

① 炮二平五　马2进3

② 马二进三　马8进7

（图1-26）

（2）中炮对反宫马

布局过程：

① 炮二平五　马2进3

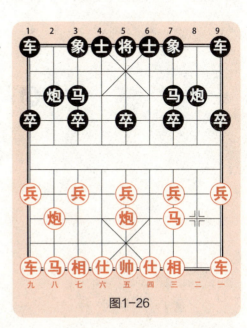

图1-26

② 马二进三　炮8平6

③ 车一平二　马8进7

（图1-27）

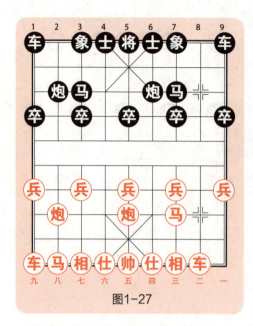

图1-27

细心的读者可以看出来，黑方屏风马之间"夹"了一个炮，这个阵形就称为反宫马，所以黑方阵势又称夹炮屏风马。反宫马利用士角炮对红方马八进七这步棋进行牵制，以延缓红方的出子速度，赢得反击时间，是其布局思想的一个基点。在旧的象棋理论中，反宫马被认为由于士角炮对左马（按照通行的行棋方向）的妨碍而削弱了中防，一直被当作"偏局"看待，直到20世纪60~70年代一代宗师胡荣华对其进行了重新的研究探索，并著《反宫马专集》，反宫马又重新成为象棋舞台的主角之一，并在20世纪80~90年代得到很大发展，与屏风马一起成为后手对抗中炮的两大主流布局。

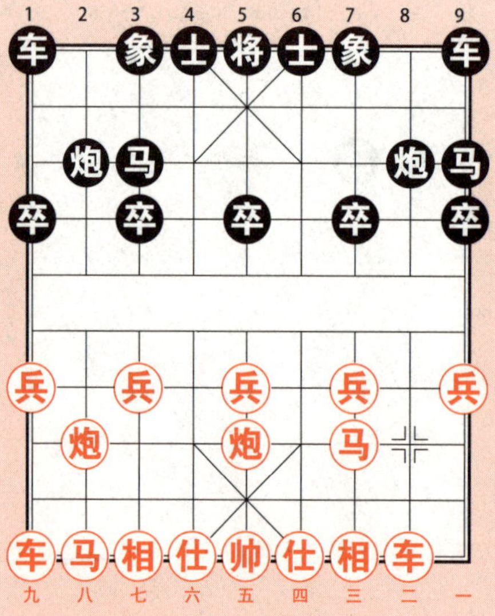

（3）中炮对单提马

布局过程：

① 炮二平五　马2进3

② 马二进三　马8进9

③ 车一平二　（图1-28）

黑方的马2进3和马8进9两步棋形成单提马的基本构架。古代多采用直车，反弹力欠佳。经过近代及现代的研究，现今多采用单提马横车对付中炮，反弹力较强。

图1-28

第三节 飞相局的常见应法

飞相局历史悠久,在明清古谱中早有记载,明代朱晋祯《橘中秘》就载有象局的歌诀:象局势常安,中宫士必鸳。车先河上立,马在后遮拦。象眼深防塞,中心卒莫前。势成方动炮,破敌两岸边。到21世纪,飞相局经过不断的演进,阵形种类已经非常完善,据统计已经有18种开局种类,分别是飞相对左(右)中炮、飞相对左(右)过宫炮、飞相对左(右)士角炮、飞相对左(右)金钩炮、飞相对左(右)卒底炮、飞相对左(右)正马、飞相对左(右)边马、飞相对挺3(7)卒、飞相对顺象(逆象)。其中常见的是飞相对左(右)中炮、飞相对左(右)过宫炮、飞相对左(右)士角炮、飞相对左(右)正马、飞相对挺3(7)卒这10种阵形。

1. 飞相对左中炮

布局过程:

① 相三进五　炮8平5

② 马二进三　马8进7

③ 车一平二　车9平8

④ 马八进七　(图1-29)

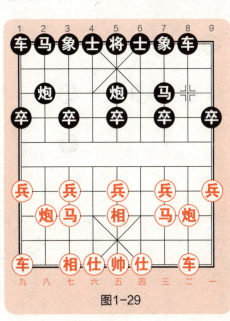

图1-29

黑方以中炮应付红方的飞相局是一种强硬的对抗手段。红方飞相缓攻,黑方架中炮是快攻,是以快制慢的典型布阵。其战略思路是:

黑方从中路威胁牵制对方，伺机发动强攻或迫使对方进行进攻，借此制造反击和夺先的机会。

2. 飞相对右中炮

布局过程：

① 相三进五　炮2平5

② 马八进七　马2进3

③ 车九平八　车1平2

（图1-30）

图1-30

以右中炮应对飞相局，看似同左中炮仅有一着之差，但是由于黑方平炮方向的不同，使得两翼子力出动的次序和速度明显不同，因而攻守规律也有较大的差异。从实战的情况来看，黑方的效果不佳，实战中出现的并不多。

3. 飞相对左过宫炮

布局过程：

① 相三进五　炮8平4

② 马二进三　马8进7

③ 车一平二　卒7进1

（图1-31）

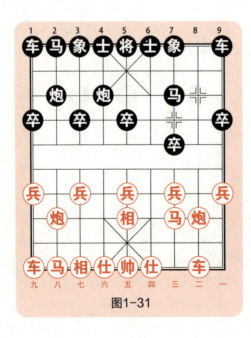

图1-31

4. 飞相对右过宫炮

布局过程：

① 相三进五　炮2平6

② 兵七进一　马2进3

（图1-32）

在应付飞相局各种变化中，后手过宫炮的使用率最高。后手过宫炮的战略计划是：攻守兼备，伺机反击。首着动炮横向过宫落士角，接着出动同翼车马，构成肋炮，在窥视对方子力的同时，又掩护着黑马的阵势，这种阵势是非中炮型布局最科学而严谨的马炮结构。

5. 飞相对左士角炮

布局过程：

① 相三进五　炮8平6　　② 马二进三　卒7进1

③ 兵七进一　马8进7　　④ 马八进七　车9平8

⑤ 车一平二　马2进3（图1-33）

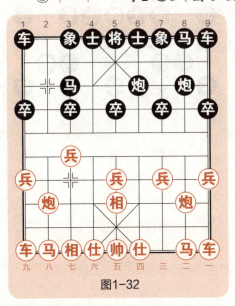

图1-32

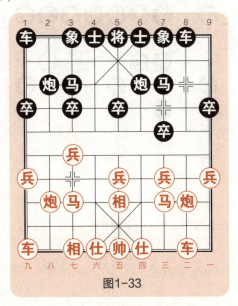

图1-33

6. 飞相对右士角炮

布局过程：

① 相三进五　炮2平4　　② 马八进七　卒3进1

③ 车九平八　马2进3　　④ 兵三进一　（图1-34）

后手用士角炮应付飞相局是近几年发展起来的新布局，是特级大师王嘉良研究和挖掘的课题。他在1979年第四届全运会象棋赛决赛中首创以左士角炮应对胡荣华的飞相局，轰动一时。黑方的战术意图是通过首着炮2平4或炮8平6，有利于上马出车，是一种伺机而进的稳健战术。这种布局弹性较大，与过宫炮不同的是，士角炮两翼子力部署比较均衡，阵地战的特点更加突出。

7. 飞相对左正马

布局过程：

① 相三进五　马8进7　　② 兵三进一　卒3进1

③ 马二进三　马2进3（图1-35）

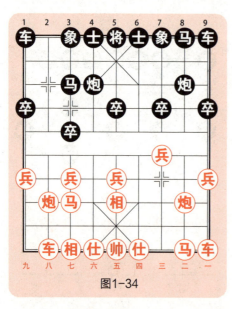

图1-34

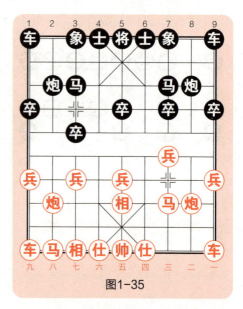

图1-35

8. 飞相对右正马

布局过程：

① 相三进五　马2进3　　② 兵三进一　卒3进1（图1-36）

采用进马应对飞相局，主要是因为它机动灵活，又稳健缓进，可以根据局面的变化做相应的变化，既可补中炮强攻，又可形成柔性较强的逆象局或顺象局。上正马同应中炮相似，黑方两翼均势发展，相互呼应，是一种"以柔制柔"较量功力的战术。

9. 飞相对挺3卒

布局过程：

① 相三进五　卒3进1
② 兵三进一　马2进3
③ 马二进三　（图1-37）

图1-36

图1-37

10. 飞相对挺7卒

布局过程：

① 相三进五　卒7进1

（图1-38）

红方以下可选择炮八平九、兵七进一、马八进七等多种变化。

传统的观点认为：红方相三进五，黑方应以卒3进1较为工整。而应以卒7进1则是剑走偏锋，因为红方可走马二进四拐角马，然后走车一平三从相位大出车，这样红方出子速度较快，易占

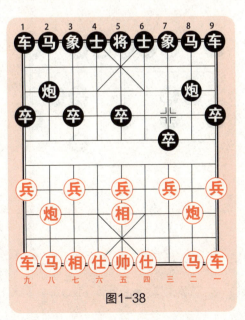

图1-38

主动。但是随着布局理论的日渐完善和发展，这一误区已经被打破，卒7进1也是当前非常流行的变例。

第四节　起马局的应法

起手第一着进马，名为起马局。这种布局法已经有很久的历史，20世纪70年代以后，起马局有了迅速的发展。在这类布局中有很多可供选择的布局路线，双方都可能形成各种布局类型，如屏风马、反宫马、单提马、补架中炮、三步虎等，这是起马局的特点。

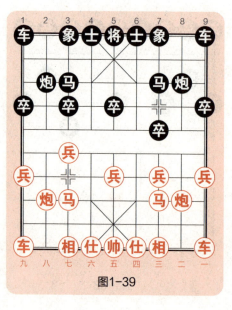

图1-39

1. 红方进马转屏风马

布局过程：

① 马二进三　卒7进1

② 兵七进一　马8进7

③ 马八进七　马2进3

（图1-39）

这个阵势中红方布成屏风马阵势，黑方也形成一个屏风马阵势，双方同形。这种着法流行已久，它的特点是布局过程中侧重考验双方棋手的"内功"，布局过程中讲究柔功，于细微处见功夫，为功力型棋手所喜爱。

2. 红方进马转反宫马

布局过程：

① 马二进三　卒7进1
② 炮八平六　马2进3
③ 马八进七　车1平2
④ 车九平八　（图1-40）

由于受到20世纪70年代兴起中炮对反宫马和80年代流行士角炮布局的影响，在起马局中，先手运用反宫马布局渐渐兴起。这是一种试探性的下法，具有能攻善守、灵活多变的特点。同时要求红黑双方布阵演变战术质量要高，得失机会往往稍纵即逝，如果布局不当，容易一蹶不振。

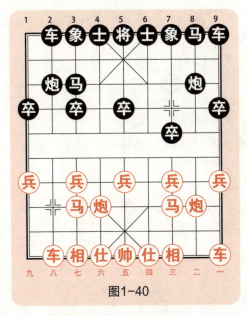

图1-40

3. 红方进马转单提马

布局过程：

① 马二进三　卒7进1
② 马八进九　马8进7

（图1-41）

这个阵形下，红方可以选择炮八平六或者车九进一、相三进五等走法。红方选择单提马局变化较为单纯，双方没有激烈的对抗冲突。布局阶段双方都讲究阵形的协调，遵循布局原则运子布阵，进行阵地战。

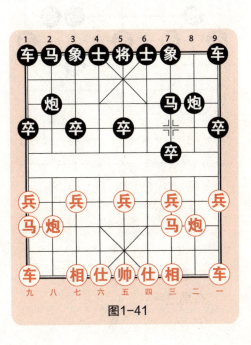

图1-41

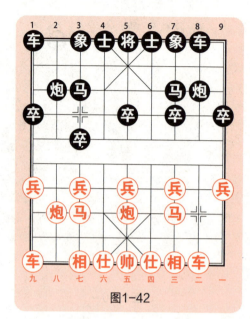

图1-42

4. 红方起马转中炮

布局过程：

① 马八进七　卒3进1

② 炮二平五　马8进7

③ 马二进三　车9平8

④ 车一平二　马2进3

（图1-42）

红方补架中炮，是进马局对仙人指路布局的一路进攻型下法，先手方采用迂回战术，把局面又导向中炮布局，这正是起马局的灵活之处。

5. 起马转三步虎

布局过程：

① 马二进三　卒7进1

② 炮二平一　马8进7

③ 车一平二　车9平8

（图1-43）

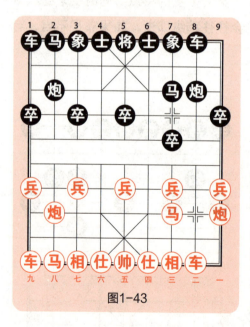

图1-43

"三步虎"是指进马（马二进三）、平炮（炮二平一）、出车（车一平二）三步即可亮出主力的阵形。其特点是一翼全力出动，可待机选择巡河车、过河车抢占要点。不足之处在于另一翼子力出动比较缓慢。

6. 进马对飞左象

布局过程：

① 马二进三　象7进5　　② 炮二平一　马8进7

③车一平二 （图1-44）

7. 进马对飞右象
布局过程：

① 马二进三　象3进5
② 兵三进一　马8进9
（或马8进7）（图1-45）

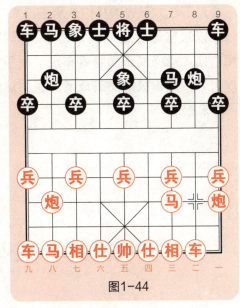
图1-44

黑方以飞象局应对起马局，这是针对红方急攻轻进采取的一种以逸待劳、以静制动的战术，以此展开布局争斗。虽然双方在布局阵势中没有一定的套路，但红黑双方仍可演绎出许多常见的攻守阵势，如中炮对单提马、屏风马对屏风马、反宫马对屏风马等。

8. 进马对过宫炮
布局过程：

① 马二进三　炮8平4（图1-46）

图1-45

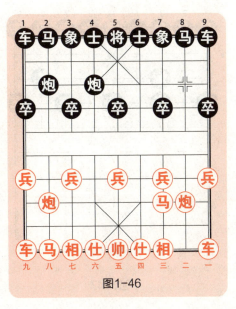
图1-46

以下红方可以选择炮八平五、车一平二等多种应法。

以过宫炮应起马局是基于这样的认识：过宫炮可以应付常见的飞相、仙人指路或士角炮等布局，后手方可以根据局势的变化而变化，以攻为守，是积极的防御战术。虽然这类布局实战中出现得不多，但是仍不可忽视。

第五节　进兵局的应法

红方第一步挺三（七）兵，称为进兵局，又叫仙人指路。黑方应对方法有很多，主要有卒底炮、对挺7（3）卒、起马局、飞象局、还架中炮、过宫炮、金钩炮等应法。以过宫炮和金钩炮应仙人指路布局是两个冷门布局，本节暂不做探讨。

1. 仙人指路对卒底炮

布局过程：

① 兵七进一　炮2平3

（图1-47）

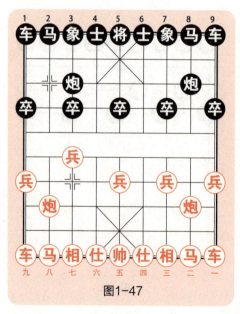

图1-47

这个阵形中，黑方炮2平3平炮瞄兵，称为卒底炮或小当头，甚至还叫它"一声雷"，足见卒底炮的威力。以卒底炮应付仙人指路的特点是针锋相对、刚柔相济、对抗性强。这是棋坛上流行已久的一种布局体系，现在已经成为主流布局之一。

（1）仙人指路对卒底炮红方飞相

布局过程：

① 兵七进一　炮2平3

② 相三进五　马2进1

③ 马八进七　（图1-48）

图1-48

第二回合中，红方飞右相或左相，属于稳健的着法，战略思想是巩固阵地，后发制人。这个变化在20世纪70年代颇为流行，深为功力型棋手所喜爱。

（2）仙人指路对卒底炮红方中炮

布局过程：

① 兵七进一　炮2平3

② 炮二平五　象3进5

（图1-49）

图1-49

由于黑方走卒底炮后，已经不能用屏风马进行防御，因此红方采用中炮攻势，可先发制人。黑方走象3进5，是当代棋手对局中最常见的着法，飞右象以后右马多了一个马2进4的选择，利于右车的开出，它的弱点是右翼较为空虚。红方大致有：右横车（车一进一）、上左仕（仕六进五）、左马屯边

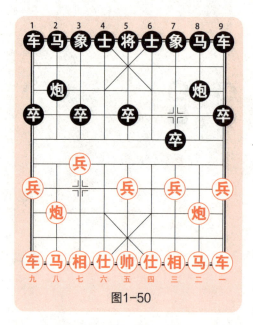

图1-50

（马八进九）、跳右马（马二进三）、炮打中卒（炮五进四）等变化。

2. 对兵局

布局过程：

① 兵七进一　卒7进1

（图1-50）

双方均以挺兵（卒）布阵，简称"对兵局"，在仙人指路布局体系中出现较早。从战略观点来看，双方均以进兵来试探对方的应手，然后再选择对自己有利的作战方案来进行布局，这样应法含蓄多变，可以转化成多种阵形。

（1）仙人指路红兵底炮局

布局过程：

图1-51

① 兵七进一　卒7进1

② 炮二平三　（图1-51）

红方炮二平三是当代棋手在对兵局中的改良着法，化前人进马的含蓄着法为动向明显的积极着法，从棋艺的进展来看，有时代的意义。黑方可以选择炮2平5、炮8平5、象3进5、象7进5等应着与红方相抗衡。

（2）仙人指路红方跳正马

布局过程：

① 兵七进一　卒7进1

② 马八进七　马8进7

（图1-52）

双方挺七兵（卒），互跳正马，这是仙人指路早期布局的主要着法，盛行于20世纪30~40年代，双方攻守平衡，又含有试探对方的手段，现在仍为棋手所采用，以下红方可以选择飞右相（相三进五）、跳先锋马（马七进六）、架中炮（炮二平五）、起左横车（车九进一）、跳右正马（马二进三）、跳边马（马八进九）等应法，选择面很宽。

（3）仙人指路红方还架中炮

布局过程：

① 兵七进一　卒7进1

第二回合红方架中炮曾是对对兵局的一种改良，沿用至今。由于中炮架得早，以致以后的变化更为丰富，大部分内容与炮局同出一辙，黑方可以选择转成顺炮局（炮8平5）、列炮局（炮2平5）、屏风马（马8进7）等多种应法。

图1-52

② 炮二平五　（图1-53）

图1-53

3. 仙人指路黑方进马局

布局过程：

① 兵七进一　马8进7

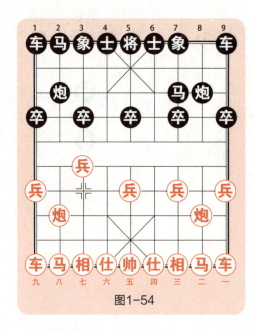

图1-54

（图1-54）

黑方以进马应对红方的仙人指路，锋芒内敛、刚柔相济。后手方采用的是在稳健防守的基础上伺机反击的战略。对此，红方主要有以下两种走法：兵三进一形成两头蛇阵势、马八进七跳左正马伺机而动。

（1）红方两头蛇

布局过程：

① 兵七进一　马8进7

② 兵三进一　炮8平9

③ 炮二平四　车9平8

④ 马二进三　（图1-55）

第二回合中红方挺三兵形成两头蛇阵势，遏制黑方左马。黑方炮8平9平炮通车，形成布局节奏鲜明的三步虎阵势也是必然。第三回合中红方平士角炮配合两头蛇构筑稳健阵形。

图1-55

（2）红方进正马

布局过程：

① 兵七进一　马8进7

② 马八进七　卒7进1

（图1-56）

双方互进七兵（卒），跳七路马形成对称型布局，是典型的以稳对稳的战略，双方必然形成持久战的态势。此路格局变化通常由对兵局演绎而成，以后双方可以演绎成顺象、逆象的布局变化，是目前流行的一路布局体系。

4. 仙人指路对飞象

布局过程：

① 兵七进一　象3进5（图1-57）

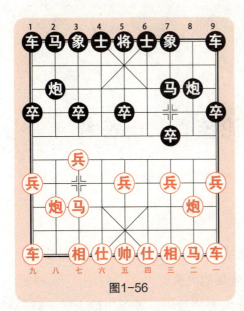

图1-56

图1-57

以飞象应仙人指路由来已久，在近年比赛中虽不常见，但仍是一路不可忽视的变化。由于黑方飞象，以守代攻，中路巩固，红方不可能一蹴而就，必须细磨细打。作为后手方，如果红方不贸然进攻，黑方也不可能一下子就大举反扑，双方必然要进入阵地战，考量的是棋手全面的功力。

5. 仙人指路对中炮

布局过程：

① 兵七进一　炮8平5（图1-58）

图1-58

以左中炮对抗仙人指路是一种强硬的下法，其作战意图是以攻代守力争主动。它可演变成后手中炮对先手屏风马的阵势。这里值得一提的是，黑方如应以炮2平5则是一个方向性的错误，红方可以从容扩先。

第六节　布局理论核心——效率

布局是一局棋的开始阶段，是全局的基础，对中局形势的形成和发展起决定性作用，有时甚至直接决定全局的胜负。

布局是对弈双方部署子力、展开火力的阶段，具备出动大子、阵形基本固定、攻守意图初步显露等这样一些明显的特征。一般在棋局开始后十回合左右，双方阵势定型，布局即告结束。

什么样的布局是最有效率的呢？那就是走出对对方最有威胁的棋，这样的棋效率就是高的，或者说，能让本方子力开扬而限制对方布阵的着法肯定是有效率的着法。这样的棋我们应该多走，反之，我们在开布阶段最好不要走。

效率不仅是布局阶段的理论核心，也贯穿着象棋的整体，这一点初中级爱好者一定要记住。

怎么样使自己的布局更有效率呢？一般来讲，对局需要做到以下几点：一是避免一子多动；二是两翼均衡出子力；三是活通自己的子力，同时控制对方的子力；四是注意子力的协调性和联络性。

子力的协调性是指子力要平衡发展，子力的分布要不密不疏；子力的联络性是指子力要互相保持联络。

下面我们通过四则例局对上述四个基本原则加以解释。

一、避免一子多动

对弈是红黑双方交替行棋，在布局时双方行棋的机会是均等的，你走一步，我走一步。看似没有什么技巧可言，其实不然。在行棋的过程中，如果一方一子多动，势必减少了其他子力出动的机会，这样就无法做到尽快出动大子，占据有利的位置，不能合理地部署子力。

【例局】

① 炮二平五　马8进7　　② 马二进三　车9平8
③ 马八进七　卒7进1　　④ 兵七进一　马2进3
⑤ 马七进六　炮8平9　　⑥ 马六进七　（图1-59）

红方这步马六进七贪吃黑卒就是一步典型的"一子多动"。此时黑方已经布成三步虎的阵形，红方应针锋相对出动大子，走车九进一仍持先手。现在马六进七吃卒后，并没有后续的攻击手段，显然是一步失先之着。

⑥……　马7进6

黑方进马好棋，如改走车8进5捉兵，红方则相七进九，炮2进4，兵三进一！车8平7，车九平七。此时，红方原本被迫飞边相护兵的这手棋反倒成了助左车出动占据七路线的好棋，黑方失先。

⑦ 兵七进一

红方进兵仍是没有从全局考虑的一步棋，红方仍应走车九进一。

⑦……　象3进5

图1-59

黑方飞象好棋，至此黑方阵形工整，子力灵活，布局阶段取得先反之势。

二、两翼均衡出子

以棋盘来说，大致可分为一线、二线、三线为右翼，四线、五线、六线为中路，七线、八线、九线为左翼。在不同的布局过程中，左中右三路虽各有不同的侧重，但也不能违反两翼均衡布子的原则。两翼子力最好要均衡发展，尽量避免倚轻倚重，这样才能阵形协调，利于攻守。

【例局】

① 相三进五　炮 8 平 6
② 马二进三　马 8 进 7
③ 仕四进五

红方过分追求阵形的工整，没有注意到两翼均衡出动子力的原则。红方选择补仕这手看似稳健，却给红方布局阶段带来了很大的隐患。

③ ……　车 9 平 8
④ 车一平四

这手棋是红方必走之着，再也无法忍让。如改走炮二平一，则炮 2 平 5，车一平四，士 4 进 5，以后黑方马 2 进 3 或者车 8 进 4 都从容占得先机。

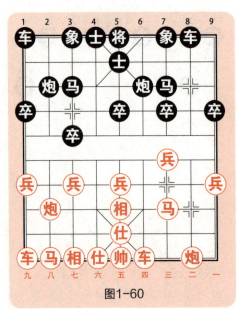

图1-60

④ ……　马 2 进 3
⑤ 炮二退二　士 6 进 5
⑥ 兵三进一　卒 3 进 1

（图 1-60）

黑方走得不急不缓，两翼均衡发展，正是符合了"两翼均衡出子"的原则。

⑦ 炮二平三

红方平炮调整，并且准备冲三兵攻击黑方 7 路线，这手棋在局部是先手，但是放在全局来看仍应走马八进九。

⑦ …… 马3进4

黑方进马好棋，不仅消除了红方兵三进一的攻击手段，而且占据了盘河马要点，黑方反先。

三、活通自己控制对方

象棋布局的过程就是活通本方子力、遏制对方子力的过程。在布局阶段扬己抑彼是常用的战术思想。

【例局】

① 马八进七　卒3进1

黑方进3卒意在发挥卒在布局阶段的"制马"作用。

② 马二进三　马8进7　③ 兵三进一

红方进三兵的作用同样是活通右马、制约黑方7路马。

③ …… 马2进3　④ 车一进一

红炮现在不好定位，那么活通当前最大子力莫过于双车，因此这手车一进一就是情理之中的一步棋。

④ …… 车1进1

⑤ 车一平四

红方在开局阶段用车占通路可以更好发挥车的作用。

⑤ …… 车1平4

⑥ 相七进五　车9进1

（图1-61）

布局至此，双方阵形工整，子力灵活且占据要点。双方大体均势。

图1-61

四、子力的协调性和联络性

【例局】

① 炮二平五　炮8平5　② 炮五进四

炮打中卒看似得到实惠，实则在布局阶段失先。为什么呢？炮打中卒以后，红方深入敌阵，失去子力的支援，以后将要承受黑方的一系列攻击。

②……　士4进5　③ 炮八平五

红方不肯退炮，只好再平中炮试图巩固中路的继得利益。

③……　马8进7　④ 马二进三　马7进5

⑤ 炮五进四　马2进3　⑥ 炮五退二　车9平8

在黑方的一系列攻击下，红炮被逼退，而且子力出动效率明显要比黑方差。红方只走动了炮、马两个子，而黑方则是车、马、炮、士、象均已出动，黑方已经反先。

⑦ 马八进七　马3进5

⑧ 炮五进三　象3进5

⑨ 车九平八　炮2平3

⑩ 兵五进一　车1平4

（图1-62）

至此，黑方子力灵活，联系紧密，阵形富有弹性，明显占优。

上面我们通过四则例局简单阐述布局的基本原则。掌握了布局的基本原则，灵活地运用布局原则不仅对于学习布局有很大的益处，而且在实战中也有很重要的指导作用。把布局理论应用于实战中，加强对布局的研习，对提高棋艺水平

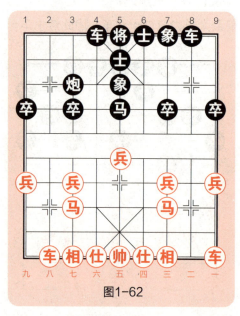

图1-62

有很大的帮助作用。

第二章　顺炮布局定式解析

　　本章内容着重讲解顺炮布局的攻防要点，第一节用6局来讲解顺炮直车对横车布局的主要变化；第二节用2局来讲解顺炮横车对直车的主要变化；第三节用2局来讲解顺炮直车对缓开车的主要变化。

第一节　顺炮直车对横车

【例局1】红方进过河车

① 炮二平五　炮8平5
② 马二进三　马8进7
③ 车一平二　车9进1
④ 车二进六

红方伸车过河，准备平车压马，牵制黑方的左翼。过河车是顺炮布局最古老的攻法，古谱多走此着。至此，黑方有车9平4、卒3进1两种应法。

1. 车9平4

④ ……　车9平4

平肋车是早期的应着，当时布局理论认为，当红方进车攻击左翼的时候，平肋车可以集结优势兵力，对红方的左翼进行反击。

⑤ 车二平三　马2进3

（图2-1）

跳正马是黑方的改进走法，旧式多走车4进7，红方可走马八进七从容展开攻击，演变下去红方优势。接图2-1，红方以下有车三进一、仕四进五两种走法。

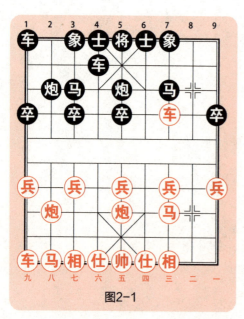

图2-1

（1）车三进一

⑥ 车三进一　炮5进4　　　⑦ 马三进五　炮2平7

⑧ 马五进四

红方如改走马五进六，则士6进5，马六进七，车4进1，炮八进四，炮7进7，仕四进五，车4平3，炮八平五，将5平6！黑方大优。

⑧ ……　炮7平5　　　　⑨ 炮五进五　车4平6

黑方巧着，得回失子，反先。

⑩ 马四进三　象3进5　　　⑪ 马八进七　卒3进1

⑫ 车九平八　车1平2　　　⑬ 炮八进四　马3进4

黑方反先。

（2）仕四进五

⑥ 仕四进五

补仕是一步改进着法，是先手方缓攻的策略。

⑥ ……　炮5退1

黑方退炮含蓄有力。在1951年华东华南名手对抗赛上，华南杨官璘对华东朱剑秋曾经走到这个变化。

⑦ 兵三进一

红方挺兵活马是这个布局的关键。

⑦ ……　卒3进1　　　　⑧ 马八进九

由于黑方已经挺起3卒，且肋车占据要道，随时都可车4进5威胁红方兵线，所以红方不宜再走马八进七。

⑧ ……　炮5平7　　　　⑨ 车三平四　车4进4

黑方进骑河车，控制红方巡河线，是争先的手段，至此双方大体均势。

2. 卒3进1

④ ……　卒3进1

黑方进卒准备开通右翼的马路，这是顺炮布局发展的重大突破。

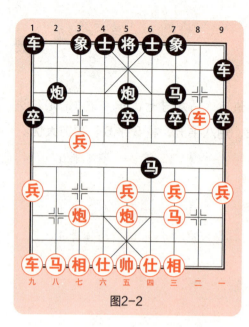

图2-2

⑤ 炮八平七　马2进3
⑥ 兵七进一　马3进4
⑦ 兵七进一　马4进6

（图2-2）

黑方有马4进5和马4进6两种走法都称为"天马行空"变例。黑方的战术意图是红方虽取得七兵过河的实利，但是左翼子力展开较为缓慢，黑方通过弃卒快速出动大子，寻求反击。实战中这手马4进6意在消除红方中兵保护子，这也是黑方最有反击力的选择。

⑧ 马八进九

红方进边马意在两翼均衡出动子力，是针对黑方马4进6的一路好棋。兑子转换后，红方能保持先行之利。

⑧ ……　马6进7　　　⑨ 炮七平三　炮5进4

⑩ 仕六进五

红方如改走仕四进五，则黑方要走车9平6控制红方将门。

⑩ ……　车9平3　　　⑪ 马九进七

红方正着，不让黑方炮打边兵，如改走车二平三，象3进5，再走马九进七，黑方可走车3进3，马七退六，炮5平9，黑优。

⑪ ……　车3进3　　　⑫ 马七退六　炮5退2

⑬ 车二平三　象3进5　⑭ 马六进五

红方稍好。

【例局2】红方跳正马进三兵

① 炮二平五　炮8平5　　② 马二进三　马8进7
③ 车一平二　车9进1　　④ 马八进七

顺炮布局是争夺中心区域的布局，红方跳双正马以后对这一区域的战斗自然会起到积极的作用。实践证明马八进七的下法比马八进九的单提马要更有弹性。这着棋是由胡荣华在20世纪60年代中期首先使用的，所以这着棋又被称为"胡氏双正马"局。

④……　车9平4　　　⑤ 兵三进一

这是红方布局的第一个关键点。红方兵三进一以后可以挺兵制马，更主要的是对左马起到支援作用，可以使相对薄弱的左马在布局阶段似危实安，是红方马八进七的后续手段。黑方有三种应法：车4进5、车4进4、卒3进1。

1. 车4进5

⑤……　车4进5（图2-3）

进车兵林是黑方早期的选择，现在仍有棋手会选择这种变化。但是从实战效果来看，演变下去红方先手很大，其原因在于黑车急进反击的同时，阵形中存在明显的弱点，即车走的步数过于频繁，一子多动。导致右翼子力开动缓慢，因此造成阵形不协调，易受红方的严厉打击。

⑥ 马三进四

红方在七路马被攻的情况下，有两种选择，其一就是实战中马三进四下法，积极反击；其二是炮五平四消极防守，黑方可以通过卒5进1从容展开攻势，黑方易走。

⑥……　车4平3

⑦ 马七退五

红方退窝心马是第二个关键点，以后通过马五进三跳出来，可以盘活红方的整个阵形。

⑦……　炮5进4

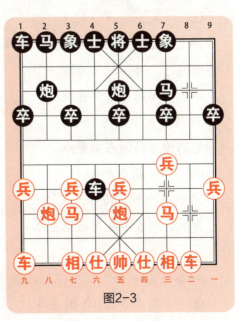

图2-3

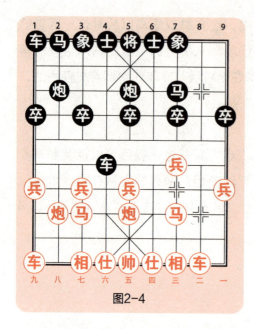

图2-4

黑方如改走车3平5,则车二进六,红方先手。

⑧ 马四进六　车3平4
⑨ 马六退五　车4平5
⑩ 马五进三　车5退1
⑪ 车二进六 （红优）

2. 车4进4

⑤ ……　车4进4（图2-4）

黑方进车骑河,准备攻击红方右马。

⑥ 炮五平四

红方移步换形,转化为反宫马阵势,这是红方保持先手的关键。

⑥ ……　卒5进1

黑方正着。如改走车4平7,车二进二,马2进1,相三进五,车7进1,炮八退一,炮2平3,炮八平三,车7平6,马三进二,红方先手。

⑦ 相七进五　卒5进1

冲七兵是红方的第一反应,逼黑车表态。

⑧ 兵七进一

⑧ ……　车4进1

黑方跳马防止红兵强渡。

⑨ 兵五进一　马7进5

⑩ 仕六进五　炮5进3

⑪ 车二进五

红方进车骑河占据要点。

⑪ ……　炮2平5

⑫ 车九平六　车4平7

⑬ 炮八进四　马2进3

⑭ 车六进七

至此,对攻中红方占据主动。

3. 卒3进1

⑤ ……　卒3进1（图2-5）

黑方对应进3卒，就局部而言有助于通己马、制彼马，但出于全局考虑，因其目标突出，易受到攻击。

⑥车二进五

红方进车骑河，着法有力。

⑥…… 炮5退1

黑方退炮设伏，引诱红车吃3路卒。

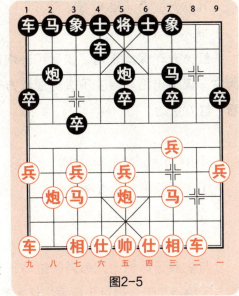

图2-5

⑦兵七进一　卒7进1

黑方弃卒反击是针锋相对的走法，如改走卒3进1，车二平七，卒3平4，车七进四，炮2平3，马七进八，红方得子。

⑧车二退一

红方关键，如改走车二平三，象7进5，车三进一，卒3进1，黑方反先。

⑧…… 卒3进1　　⑨兵三进一　卒3进1

⑩马七退八

红方退马回原位，粗看起来违反常理，但是在此局面下却是正确的选择。如改走马七退五，黑方可走马2进3，红方窝心马易受到威胁。红方退马以后，红方过河兵威胁黑方7路马，局面得到补偿。

⑩…… 马2进3　　⑪兵三进一　马7退9

⑫仕四进五　车4进7　　⑬车二平七　马3进4

黑方进马抢攻，如改走车4平2，车七进三，车2退1，马八进九，卒3平4，车七平四，红方有攻势。

⑭马三进四

红方先补仕，再平车捉马，然后再跃马、兑马，这几手棋的战术意图非常明显——减弱黑方中炮的防守能力。

⑭…… 马4进6　　　　⑮车七平四　车4平2

⑯车九进二

红方升车保炮正确，以后可升炮巡河，中路打将，同时红方也可以为左车谋得出路。演变下去形成红方有攻势、黑方得子的局面，总体来看，红方主动。

【例局3】黑方跳边马

① 炮二平五　炮8平5　　　　② 马二进三　马8进7

③ 车一平二　车9进1　　　　④ 马八进七　车9平4

⑤ 兵三进一　马2进1

与进双正马相比，黑方跳边马则可以保持局面的灵活性，不至于在序盘阶段将棋形走得过于厚重。红方有两种走法：马三进四、兵七进一。

1. 马三进四

⑥ 马三进四（图2-6）

红方进中马直接威胁黑方中路。

图2-6

⑥…… 炮2平3

黑方平炮通车，保持进肋车的机动性。

⑦ 车九平八

红方正着，扩大控制区域。

⑦…… 车1平2

⑧ 炮八进四

进炮封车是布局阶段常用的战术，力争在空间上压制黑方。

⑧…… 车4进6

⑨ 车八进二　士4进5

⑩ 车二进五　炮5进4

⑪ 仕六进五　炮5退1

黑方如改走车2进3，车八进四，车4平3，车八退六，红方好走。

⑫ 车二平八　将5平4　　　⑬ 前车退一　卒5进1

⑭ 马四进三　车4退3　　　⑮ 兵三进一

红方先手。

2. 兵七进一

⑥ 兵七进一　（图2-7）炮2平3

⑦ 车二进五

红方进七兵，促使黑方平炮攻马，继而进车骑河，形成对攻局势。

⑦ ……　车1平2　　　⑧ 车九平八　车2进6

⑨ 炮五平四　卒3进1

冲卒是黑方的反击要点，否则红方从容补起仕相后，黑方将处于下风。

⑩ 车二平七　炮3进1

⑪ 炮四进一　车2退3

⑫ 马三进四

红方进马好棋，这是当前局面下唯一的解着，以下如炮5平3，车七平六，红方可从容扩先。

⑫ ……　卒5进1

⑬ 炮八进二

高炮巡河护住河口一线，十分重要，至此，双方互抢先手，局面复杂。

图2-7

【例局4】顺炮直车两头蛇对双横车 （一）

① 炮二平五　炮8平5
② 马二进三　马8进7
③ 车一平二　车9进1
④ 兵三进一　车9平4
⑤ 马八进七　马2进3
⑥ 兵七进一

红方连续挺起三、七兵形成两头蛇阵势。两头蛇阵形最大的优势在挺兵方的双马俱活，有效地遏制对方双马活通，这类阵形在布局中非常常见，读者可用心体会。

⑥……　车1进1

黑方再起横车，构成常见的顺炮两头蛇对双横车阵势。

⑦ 仕六进五

红方补左仕的主要意图是想用左车兑黑方肋车，从而扩大双马灵活的优势。以下黑方有车1平3、车4进5两种走法。

1. 车1平3

⑦……　车1平3

以下红方有马三进四、车二进五两种应着。

（1）马三进四

⑧ 马三进四（图2-8）

卒3进1

⑨ 兵七进一　马3退5

黑方退马闪击红方七路线，这是马后藏车的经典战术手段。

⑩ 车二进五　卒7进1

黑方通过献卒引离红车。

⑪ 车二平三　象7进9

这是献卒的后续手段，其战术意图就是打破红方骑河车对黑方的封锁。

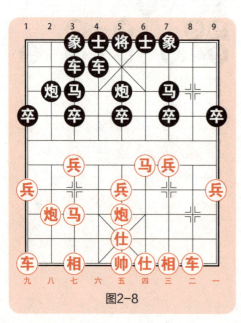

图2-8

⑫ **车三平六** 车4进3
⑬ **马四进六** 车3进3
⑭ **马六进五** 象3进5
⑮ **马七进六**

红方稍好。

（2）车二进五

⑧ **车二进五** （图2-9）

红方进车骑河，遏制黑方从3路线上的反击。

图2-9

⑧ …… 卒7进1

黑方正确，如改走卒3进1，车二平七，卒5进1，相七进九，炮2进4，车七进一，马3进5，车七进二，车4平3，马七进六，红方易走。

⑨ **车二平三** 炮5退1

红方退炮是保持局面弹性的关键。

⑩ **车三平八** 炮2进5　　⑪ **车八退三**

红方正着。如改走炮五平八，黑方立刻就有卒3进1的反击，而且中炮移开以后，红方中路还要补棋，这样双方攻防马上易主，黑方展开进攻，而红方则要进入战略防御。

⑪ …… 炮5平7　　⑫ **炮五平六**

又是一步非常关键的选择。如红方选择马三退一，炮7进4，炮五平三，马7退9，相七进五，炮7进1，红方右翼马炮位置欠佳，黑方主动。

⑫ …… 炮7进4　　⑬ **相七进五**

红方飞左相攻守两利，如改走相三进五则右翼单薄。

⑬ …… 炮7进1　　⑭ **兵五进一**

红方子力开扬，稍好。

2. 车4进5

⑦…… 车4进5

就当前形势而言，红方的弱点在于七路马已经成为黑方的主要攻击目标，这正是黑方设计一系列变着的理论依据。

⑧ 相七进九

以下黑方有车4平3、车1平6两种应法。

（1）车4平3

图2-10

⑧…… 车4平3（图2-10）

⑨ 车九平七

红方出车保马，保留马七退六邀兑的手段，局面较易控制。

⑨…… 车1平6　　⑩ 马七退六

红方如想保持复杂的变化，可以选择车二进五。

⑩…… 车3进3　　⑪ 相九退七　车6进3

因为黑方双马不活，所以黑方进巡河车非常必要，待机兑卒活马。

以下红方有两种选择：一是炮五平七以黑方右翼为进攻方向，二是选择车二进六压制黑方左马。两种选择都会引起复杂的变化。局面至此，双方对峙，各有千秋。

（2）车1平6

⑧…… 车1平6（图2-11）

黑方横车过宫，两翼展开，在红方肋线上隐约形成一个钳形攻势。

⑨ 车九平六

红方兑车正着，如改走车九平七，车6进5，马三进二，车6平7，炮八进二，卒7进1，黑方从容展开攻击，红方稍亏。

⑨…… 车4平3

出于保持局面复杂性的考虑，黑方大多会选择平车压马，当然黑方也可以选择车4进3，马七退六，车6进3，双方较为平稳，以后必将形成漫长的阵地战。

⑩ 车六进二　车6进5

黑方也可选卒5进1挺卒活马，以下炮八退二，炮2进5，马七退六，炮2平5，马六进五，车3平2，炮八平七，马3进5，车二进六，双方互缠，红方较优。

⑪ 炮八退二　炮2进5

非常关键的一步棋。黑方如改走车6平7，炮八平七，车3平2，车二进二，红方蓄势待发，前景乐观。

图2-11

⑫ 炮八平七

红方平炮是保持对攻的选择，如果想转成平稳一些的局面，可走马七退六，炮2退1，车六平七，车3进1，马六进七，仍是红方易走之势。

⑫ ……　车3平2　　⑬ 马七进六　炮2进2

⑭ 炮七进六　车6进2

双方对攻，变化非常复杂。

【例局5】顺炮直车两头蛇对双横车（二）

① 炮二平五　炮8平5　　② 马二进三　马8进7
③ 车一平二　车9进1　　④ 兵三进一　车9平4
⑤ 马八进七　马2进3　　⑥ 兵七进一　车1进1
⑦ 相七进九

在两头蛇阵势中，红方七路马是较为薄弱的环节，大多数成为黑方的重点反击目标。基于这个原因，红方对补仕这手棋做出改良，选择相七进九飞相通车，预做防范。黑方有车4进3、车4进5、卒1进1三种变化。

1. 车4进3

图2-12

⑦…… 车4进3（图2-12）

黑方升车巡河准备兑卒活马。

⑧ 马三进四 车4平6

黑方如改走车4平2，则炮八进五，炮5平2，炮五平四，红方稳持先手。

⑨ 炮八进二 卒7进1

⑩ 炮五平四 车6平5

黑方平中车意在保持变化，如改走车6平2，则炮八进三，炮5平2，兵三进一，车2平7，车九平八，炮2进2，双方兑子交换以后，局面较为平稳。

⑪ 车二进四 炮5退1

⑫ 相三进五

红方先手。

2. 车4进5

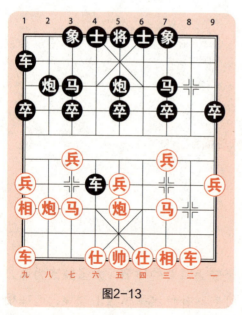

图2-13

⑦…… 车4进5（图2-13）

相对于车4进3巡河车策重防御而言，车4进5进车兵线则更为积极一些。

⑧ 马三进四

红方进马捉车，迫使黑车定位，这是红方飞相通车以后预定的方案。

⑧……　车4平3　　　　　⑨车九平七　卒3进1

⑩车二进五

进车骑河是红方实施的紧逼战术。如改走炮五平三，车1平6，炮三进一，车3进1，车七进二，车6进4，黑方一车换双以后，阵形较为工整，双方易导向平稳的局面。

⑩……　车1平6　　　　　⑪炮八进二　卒7进1

⑫车二平三　马7进6　　　⑬兵七进一

红方如改走炮五平四，则卒3进1，马四退五，马6进5，马五进七，马5退7！炮四平五，马7进6，帅五进一，卒3进1，黑方弃子有攻势。

⑬……　象7进9　　　　　⑭车三平二

红方先手。

3. 卒1进1

⑦……　卒1进1（图2-14）

黑方冲边兵形成"九尾龟"阵势，是针对红方飞边相后后手方最激烈的应对方式。这手棋最早出现于1985年第五届"五羊杯"全国象棋冠军邀请赛上，对局双方为广东吕钦与河北李来群。从理论上讲，黑方双横车后再挺边卒，缓了一着棋。20世纪90年代曾流行过一段时间，后因战绩不佳被棋手冷落。近年来看随着棋手的研究又有了新的变化。

⑧车二进五

红方另有仕六进五的变化，以下卒1进1，兵九进一，车1进4，

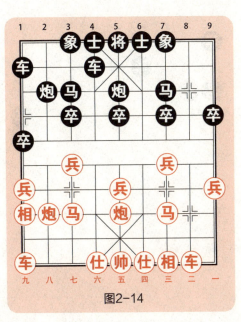

图2-14

车二进五，车4进5，双方各有千秋，局面也是非常复杂。

⑧……　　卒1进1　　　　⑨兵九进一　车1进4

这棋黑方变横车为直车，牵制住红方左翼车相两个大子且控制住红方七路马，取得满意的局面，这里红方也不示弱，右车同样占据黑方的巡河线，遏制黑方双正马的出路，局势错综复杂。

⑩马三进四　炮2平1　　　⑪车二平六　车4平6

⑫马四进三　车6平2

黑方先赶马，再平车牵炮，正确。这手棋好处在于黑方避免了红方马四进六先手吃马，再马六进四奔卧槽的先手。

⑬车六进一

红方进车准备强行打开黑方的3路马，是一步战略性很强的棋，布局至此，双方告一段落，进入中局阶段的争夺。总体而言，红方稍好。

【例局6】红方进巡河车

①炮二平五　炮8平5　　　②马二进三　马8进7

③车一平二　车9进1　　　④马八进七　车9平4

⑤车二进四

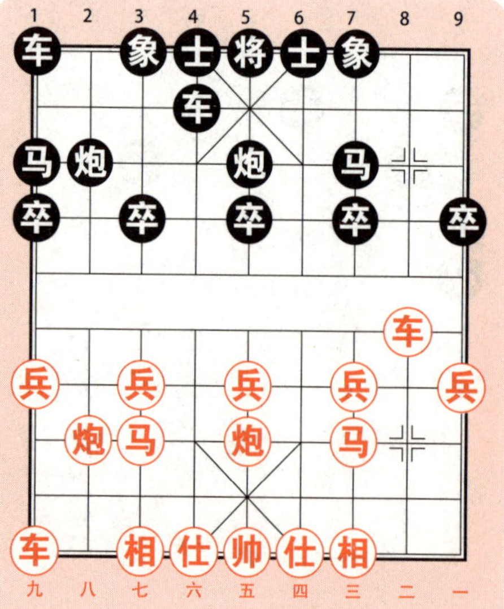

红方升车巡河，通常认为这种变化红方稳健有余激烈不足，黑方易取得均势。黑方有马2进1、马2进3、车4进5三种走法。

1. 马2进1

⑤……　　马2进1（图2-15）

⑥兵七进一

红方双马不活，易成为黑方的攻击目标，所以挺七兵是一步非常重要的棋。

图2-15

⑥…… 车4进5　　⑦炮八进四

红方针对黑方中路防守力量偏弱的特点而选择了右马屯边这着棋。

⑦…… 士4进5

黑方如选择车4平3，则炮八平五，士4进5，炮五平九，车1平2，炮九平三，象7进9，马三退五，红方多兵易走。

⑧车二平六　车4平3　　⑨车九进二　卒1进1

黑方如选择卒7进1，炮八平五，马7进5，炮五进四，马1退2，相三进五，红方从容控制局面。

⑩炮八平五　马7进5　　⑪炮五进四　车1平2

双方大体均势。

2. 马2进3

⑤…… 马2进3（图2-16）　　⑥兵七进一　车1进1

⑦仕六进五

红方补仕稳健，严阵以待。

⑦…… 车4进5　　⑧相七进九

红方如改走炮五平四，则卒5进1，相七进五，马3进5，黑方易走。

⑧…… 车4平3

⑨车九平七　车1平6

⑩炮八进二　车6进5

⑪车二平四　车6平7

⑫车四平三

红方这两手棋走得非常细腻，通过兑车迫使黑车杀掉三兵，达到活通右马的目的。

⑫…… 车7平6

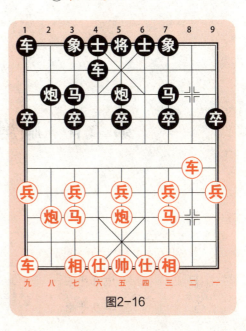

图2-16

图2-17

⑬ 马三进二

红方略好。

3.车4进5

⑤ …… 车4进5（图2-17）

⑥ 相七进九　马2进1

⑦ 兵七进一　士4进5

⑧ 仕六进五　车4平3

⑨ 车九平七　炮2平4

⑩ 兵三进一

红方正确，如改走炮八进四，车1平2，炮八平五，马7进5，

⑪ 马三进四　车2进4

⑬ 车二退三　炮4平5

炮五进四，车2进7，黑方易走。

⑩ ……　车1平2

⑫ 车二进二　炮5进4

双方对峙。

第二节　顺炮横车对直车

【例局1】红方单边封锁

① 炮二平五　炮8平5

② 马二进三　马8进7

③ 车一进一　车9平8

④ 车一平六　士6进5

⑤ 车六进七 （图2-18）

在顺炮横车对直车这一布局体系中，红方把有威力的横车推进到黑方的肋道，在左炮配合下，对黑方的一侧构成封锁，谋求在黑方受封锁的子力尚未发挥有效的战斗作用之前，夺得更有利的局面，人们把这一战术称为"单边封锁"，也叫"单边凤"。

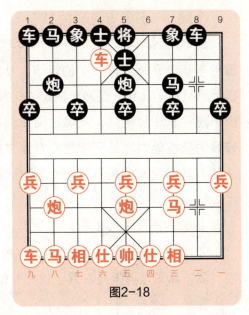

图2-18

⑤ …… 马2进1
⑥ 车六平八 炮2平4
⑦ 兵九进一

红方挺边兵是车六平八的后续手段，可以克制黑方边路子力的展开，加强单边封锁，为以后出动左翼车马助攻创造条件。

⑦ …… 车8进6　　⑧ 兵九进一

红方冲边兵使九路车通头，紧逼黑方右翼。

⑧ …… 卒1进1　　⑨ 车九进五　车8平7
⑩ 仕六进五　炮5进4

黑方炮取中兵，准备造成多卒的优势。

⑪ 马三进五　车7平5　　⑫ 炮八进五

红方进炮好棋，这是当前局面下唯一的攻法。

⑫ …… 炮4进3　　⑬ 马八进九　车5平9

黑方继续贯彻谋取多卒的战术思路。

⑭ 车九退一　炮4退1　　⑮ 炮八退四　车9退2
⑯ 车八退一　象7进5

黑方足可以与红方相抗衡。

【例局2】黑方进巡河车

自20世纪50年代起，顺炮横车对直车的布局中，后手方多沿用古谱的车8进6急进过河车的走法。从大量的实战来看，红方在对攻中易占上风。60年代起，巡河车的走法代替过河车的走法在大量实践中启用，由于巡河车车位灵活，不像过河车那样定型过早，对先手横车的进攻有较强的抵抗能力，从而使横车对直车的战斗更加丰富。可以说巡河车走法的大量出现和使用具有一个划时代的意义，是划分新旧顺炮的一个分水岭。

① 炮二平五　炮8平5
② 马二进三　马8进7
③ 车一进一　车9平8
④ 车一平六　车8进4

黑方高车巡河策应右翼，攻守兼备。

⑤ 马八进七

红方进正马稳健有力。

⑤……　马2进3

红方主要有以下两种应法：炮八进二、车六进五。

1. 炮八进二

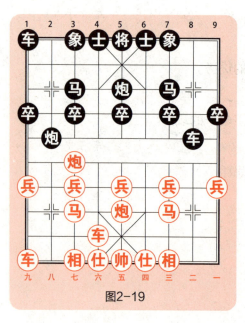

图2-19

⑥ 炮八进二

红方进炮河口，针对黑方双马屈头实施战术打击，以打乱对方的兵力部署。

⑥……　炮2进2

红方主要有以下两种下法：炮八平七、炮八平三。

（1）炮八平七

⑦ 炮八平七　（图2-19）

车8平3

旧式黑方多走车1进2高车保马，黑方的理论依据为高车保马以后，巡河炮和3卒仍保留机动性，可以伺机组织反击。但是实战证明这步升车是一步缓着，红方有车六进六的反击，以下车8平3，车九平八，卒7进1，炮七平五，士6进5，车六进一，红方子力开扬，占据优势。

⑧炮七平三　车3平7　　　⑨兵七进一　士6进5

黑方如改走炮2平5，车六进五，发展下去红方略好。

⑩车九平八　车1平2　　　⑪车八进四　炮2平4

⑫车八进五　马3退2　　　⑬兵五进一　炮4退2

黑方足可抗衡。

（2）炮八平三

⑦炮八平三（图2-20）

红方平炮攻击左马也是非常流行的着法。

⑦……　炮2平7　　　　⑧车六进四

红方进车牵制，正着。

⑧……　车1平2　　　　⑨炮三进二　卒5进1

⑩车六进一　马7进5　　⑪兵三进一　炮7平6

黑方平炮是一种非常冷静的选择，进可以炮6进3骚扰红方左马，退可以炮6退2为右马生根，是一步攻守兼备的好棋。

⑫兵五进一

红方冲兵要着，如改走车九进一，炮6进3，车九平四，炮6平3，马三退五，炮3平2，车四进五，士6进5，车六平七（如改走炮三平五，炮2退4，黑方大优），车8退1，黑方略好。

⑫……　炮6进3

⑬车九平八　车2进9

⑭马七退八　士4进5

图2-20

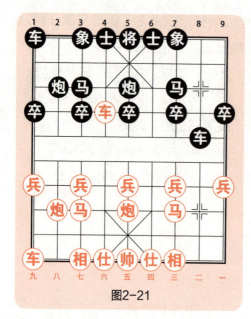

图2-21

⑮ 兵五进一　车8平5

⑯ 仕四进五　炮6退5

双方大体均势。

2. 车六进五

⑥ 车六进五 （图2-21）

红方进车威胁黑方右马，是古典式下法，至今仍然沿用。

⑥……　炮2进2

旧式应着多走炮5平6，其意图是卸炮以后既可以补象固守，调整阵形，又伏有进炮串打的手段。现代理论有新的认识，认为平炮以后造成中路空虚，红方有可乘之机，红方可以取得优势。现在多走炮2进2进炮巡河，攻守兼备，是一步非常积极的应着。

⑦ 兵七进一　炮2平7

⑨ 兵七进一　炮7进3

双方大体均势。

⑧ 马七进八　卒3进1

⑩ 炮八平三　车8平3

第三节　顺炮直车对缓开车

【例局1】红方跳外马局

① 炮二平五　炮8平5

② 马二进三　马8进7

③车一平二　卒7进1
⑤兵七进一　炮2进4
④马八进七　马2进3
⑥马七进八

红方跳马是对马七进六的改进，既避免黑方平炮压马，又含有封车之意。红方马七进六以后双方对攻激烈，现代棋手认为对黑方较为有利。

⑥……　车9进1
⑦车九进一　车9平4

红方有以下两种下法：车九平七、仕四进五。

1. 车九平七

⑧车九平七（图2-22）

黑方起横车抢占右肋，红车只能平七路另辟战场。平七路车的好处在于伏捉死炮及冲七兵兑兵通车的手段，直接威胁黑方的3路线。从20世纪80年代至今，双方攻防变化有很大的发展，实战中与仕四进五交替使用。

⑧……　车4进6

黑方进肋车捉炮是一步争先的着法，主要目的是干扰红方阵营，试红方应手，双方由此展开激烈的对攻。

⑨炮八平七

红方平七路炮的好处在于，既逃了炮，又攻击了黑方3路线。

⑨……　炮2平3
⑩炮七平九　车1平2
⑪车七进二

红方如误走仕四进五，车4退1，红方出现弱点，黑方反先。

⑪……　车2进5
⑫车二进六

红方进车是控制局势的一着棋。如改走兵七进一，卒3进1，车七进二，马3进4，双方对攻，

图2-22

红方不满意。

⑫…… 炮5退1   ⑬仕四进五 车4退5

⑭兵五进一 车2退1   ⑮炮九平七

红方稍好。

2. 仕四进五

⑧仕四进五（图2-23）

上一变例中红方平车七路线的攻法曾在实战中流行一时，但由于黑方有进肋车捉炮的手段，黑方有机会取得抗争甚至反先的机会。因此，棋手将这手棋改为补仕，力求稳健。

⑧…… 炮2平7   ⑨车九平七 炮5退1

黑方退窝心炮的用意是待红方冲兵兑卒以后，伏有车4进1再炮5平3的反击手段。

⑩车二进八

红方进车于黑方下二路线，意在牵制黑方中炮的活动。

⑩…… 车1进1   ⑪车二平四

红方平肋车伏车四退一捉马的手段，易于控制局势。以前也有棋手为保留底相选择相三进一，则卒7进1，相一进三，车4进4，兵五进一，卒3进1，黑方反先。

⑪…… 卒7进1

⑫车四退一 炮5进1

⑬兵七进一 士4进5

⑭车四进一

红方先手。

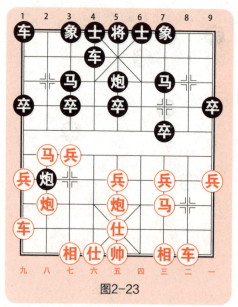

图2-23

【例局2】黑方起右横车

① 炮二平五　炮8平5
② 马二进三　马8进7
③ 车一平二　卒7进1
④ 兵七进一　马2进3
⑤ 马八进七　车1进1

黑方起右横车，尽快使主力投入战斗，形成反击对攻之势。黑方也有车9进1的下法，相比较而言，车1进1是比较灵活的应法。而黑方车9进1，则失去了车9平8兑车的机会，反倒不如车1进1灵活多变。

⑥ 炮八进一

红方高左炮准备平七路压迫对方3路线，针对性很强。黑方有车1平4和车1平6两种应法。

1. 车1平4

⑥ ……　　车1平4（图2-24）
⑦ 炮八平七　象3进1

黑方飞边象预防红冲七兵，是对车4进5的改进。

⑧ 车九平八　车9进1
⑨ 车二进四　车9平6
⑩ 仕六进五　车6进7
⑪ 炮五平六　车4进5
⑫ 炮七进三　炮2进4

至此，双方形成对攻之势，黑方满意。

2. 车1平6

⑥ ……　　车1平6（图2-25）
⑦ 炮八平七　车9进1

黑方高左车与肋车相呼应，着法含蓄，同时防红方七兵过河。

⑧ 车九平八

红方正着。如改走兵七进一，车6进3，兵七进一，车6平3，

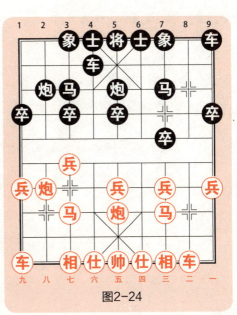

图2-24

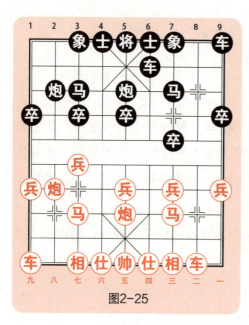

图2-25

兵七进一，车3进2，兵七平八，车3进1，车二进六，车9平6，车二平三，车6进6，黑方易走。

⑧……　　车6进4

⑨兵五进一　车9平4

黑方正着，如误走车6平5，马三进五，车5平6，马五进六，车6平3，车八进七，红方得子。

⑩兵七进一　车4进5

⑪炮七进三　象3进1

⑫车八进六　车6退1

⑬兵五进一

红方弃中兵，拖延黑车右移，牵制中路控制全局。

⑬……　　车6平5　　　　⑭车二进四　车5平3

⑮车八进一　车3退1　　　⑯马七进八　车4平2

⑰马八进七　车2退4　　　⑱炮五进五　象7进5

⑲马七进五　（红方先手）

第三章　列炮布局定式解析

列炮布局是斗炮布局最为激烈的一个布局系列。本章共分两节，第一节用2局来分析大小列炮布局的变化；第二节用2局内容介绍左炮封车转列炮的主要变化。

第一节　大小列手炮

【例局1】大列手炮

① 炮二平五　炮2平5　　② 马二进三　马8进9

黑方左马屯边，古谱《橘中秘》中称此为"大列手炮"，如改走马8进7进正马，称为"小列手炮"。

③ 车一平二

红方正着，如改走炮五进四打中卒，则士4进5，炮八平五，马2进3，炮五平一，车9平8，马八进七，车1平2，形成红方多兵，黑方大子出动速度快的局面，对比之下黑方易走。

③……　车9平8

图3-1

红方主要有马八进九、马八进七两种应法。

1. 马八进九

④ 马八进九（图3-1）

马2进3

⑤ 车九平八　车1平2

⑥ 兵九进一　卒9进1

⑦ 车二进四　炮8平7

平炮兑车是当局面下黑方唯一可以抗衡的选择。

⑧ 车二平六　车2进6

⑨ 炮五平六

红方如改走兵三进一，车8进8，仕六进五，卒7进1，炮五平六，车8平6，相七进五，卒7进1，车六平三，马9进8，黑方主动。

⑨…… 车8进8　　　　　　⑩ 炮六进一　车2平3

⑪ 炮八进七　车3平4

黑方如改走车3进1，炮六平七，士6进5（如误走车3平7，则炮七进四，炮7平3，车六进五，绝杀），相三进五，车8退1，炮八平九，红方有攻势。

⑫ 车六退一　炮7进4　　　⑬ 车六进一　炮7进3

⑭ 仕四进五　车8平7

此为黑方保持对攻的选择。

⑮ 炮八退二　炮7平9　　　⑯ 炮八平五　车7进1

⑰ 仕五退四　象7进5（黑方易走）

2. 马八进七

④ 马八进七（图3-2）

红方进七路正马，加强中心区域的攻防力量。

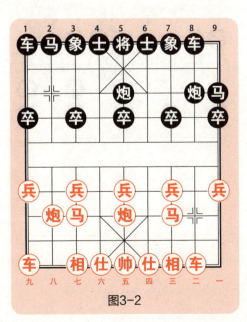

图3-2

④…… 马2进3

⑤ 车九平八　车1平2

⑥ 炮八进四　卒3进1

⑦ 车二进五　炮8平7

⑧ 车二平七　车8进6

⑨ 炮五平六

红方卸炮至士角调整阵形，稳步进取。

⑨…… 车8平7

⑩ 相七进五　卒9进1

⑪ 仕四进五 （红方主动）

【例局2】小列手炮

① 炮二平五　马8进7　　② 马二进三　车9平8
③ 车一平二　炮2平5

双方形成小列手炮的基本定式。古谱次序为：炮二平五，炮2平5，马二进三，马8进7，定型为小列手炮。走子次序不同，布局演进的方向有了历史性的发展。

④ 车二进六　炮8平9

至此，红方有车二进三、车二平三两种选择。

1. 车二进三

⑤ 车二进三 （图3-3）

接受兑车是比较流行的选择，究其原因就是小列手的阵形完全不同于屏风马的阵形，兑车以后，小列手炮不如屏风马灵活，这也是红方选择兑车的原因之一。值得一提的是，红方这里不能走炮五进四，否则马7进5，车二进三，马5退7，黑方白赚一子。

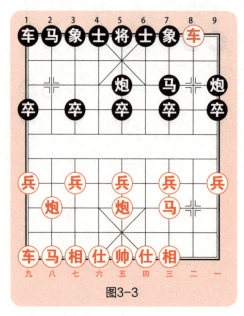

图3-3

⑤ ……　马7退8

兑车以后，红方步数损失不大；黑方可以缓解红方过河车的压力，双方都可以接受。

⑥ 马八进七　马2进3
⑦ 车九平八　车1进1

黑方起横车是一步改良后的着法，是对车1平2的改进。因为黑方车1平2以后，红方必然炮八进四过河封车，以下卒3进1，兵三进一，炮 9 平 7，马三进四，红方易走。

⑧ 炮八进六　卒 3 进 1　　⑨ 兵三进一

互挺三兵（卒）活通马路，这对红黑双方都是一步非常关键的棋。

⑨ ……　　马 8 进 7　　⑩ 仕六进五　士 6 进 5

⑪ 车八进四　马 3 进 4　　⑫ 车八平六　车 1 平 2

⑬ 车六进一

红车占据黑方河口一线，形势稍好。

2. 车二平三

⑤ 车二平三（图 3-4）

兑车以后局势发展较为平稳，先手方做了平车压马的选择，意在把局势导向更为激烈的对攻形势。

⑤ ……　　车 8 进 2　　⑥ 车九进一

红方高左车意在迅速抢占右肋，是针对黑方高左车而设计的一步好棋。

⑥ ……　　炮 9 退 1　　⑦ 车九平四

红方平车占肋是很有深意的一着棋。

⑦ ……　　炮 9 平 7

⑧ 车三平四

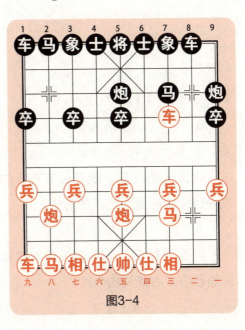

图 3-4

因为红方有肋车配合，原来被黑方打到肋线的上三路车反倒变成一步捉士的先手，非常紧凑。

⑧ ……　　士 4 进 5

⑨ 前车进二　炮 7 进 5

⑩ 马三退一

红方退马让出三路线，以后可后车平三或炮五平三攻击黑方 7 路线。

⑩…… 马2进3　　　　　　　　⑪ 炮五平三

红方紧着，如改走马八进七，炮7平3，相七进九，车1平2，黑方满意。

⑪…… 车1平2

黑方另有两种走法：一是炮5进4，后车进二，黑方失子；二是象7进9，炮八平五，车1平2，马八进七，红方易走。

⑫ 后车进二

黑方接下来如车2进7，车四平三，车2进2，炮三进五，红方主动。

⑫…… 炮7退2　　　　　　　　⑬ 相七进五

红方主动。

第二节　左炮封车转列手炮

【例局1】黑方进巡河车

① 炮二平五　马8进7　　　　② 马二进三　车9平8

③ 车一平二　炮8进4

黑方进炮封车，限制红方右车的活动范围，继而后补中炮，形成对攻性较强的半途列炮布局形式。

④ 兵三进一　炮2平5　　　　⑤ 兵七进一

红方挺起三、七兵形成两头蛇阵势，其作用是限制黑方双马马头，开通己方左右双马的马路。

⑤…… 马2进3

⑥马八进七　车1平2

⑦车九平八　车2进4

黑车巡河准备平8策应左车，既支持过河炮压马，又可相机兑卒，守中有攻。

⑧炮八平九　车2平8

⑨车八进六

黑方3路马是一个弱点，左车过河非常有针对性。黑方有卒7进1、炮8平7两种下法。

图3-5

1. 卒7进1

⑨……　卒7进1（图3-5）

兑7卒准备对红方右翼施加压力，是黑方一种常见的应着。

⑩车八平七　卒7进1　⑪车七进一　卒7进1

⑫车二进二

红方升车弃还一子，以破坏黑方弃子抢攻的计划，是红方布局精华所在。如改走炮九进四或马三退五，演变下去，在对攻中黑方得势。

⑫……　前车平7　⑬炮五退一　卒7进1

⑭车二平三　车7进3　⑮炮九平三　炮8进3

⑯车七退二

红方先手。

2. 炮8平7

⑨……　炮8平7（图3-6）

黑方平炮兑车攻相，对抢先手，是流行的变例，双方攻防变化十分复杂。

图3-6

⑩ 车八平七

红车直接吃卒压马，兑换之后形成各攻一翼的激烈局面，这是对车二平一避兑的改进。

⑩ …… 前车进5
⑪ 马三退二 车8进9
⑫ 车七进一 车8平7
⑬ 车七进二 炮7进1
⑭ 兵七进一

红方冲七兵，弃马抢先，这是红方非常关键的一步棋。

⑭ …… 炮7平3
⑯ 仕六进五 炮3平2
⑮ 兵七平六 炮5进4
⑰ 车七平八 车7退4

黑方弃还一子，正确。

⑱ 车八退七

双方以后形成各攻一翼的下法，局势复杂变多。

【例局2】黑方进过河车

① 炮二平五 马8进7
② 马二进三 车9平8
③ 车一平二 炮8进4
④ 兵三进一 炮2平5
⑤ 兵七进一 马2进3
⑥ 马八进七 车1平2
⑦ 车九平八 车2进6

黑方过河车遏制红方左翼可能发动的先手攻势，对红方具有牵制作用。

⑧ 马七进六

红方左马盘河，伏冲七兵踏车的手段。以下黑方有车2退2、炮8平7两种选择。

1. 车2退2

⑧…… 车2退2（图3-7）

黑方退车保持局面相对平稳的着法。

⑨兵七进一

弃兵活车是红方在这个局面下常用的手段。

⑨…… 车2平3

⑩炮八平七 车3进1

⑪马六进四 车3进2

⑫马四进三 车8进2

⑬前马退五 马3进5

⑭炮五进四 士6进5

⑮相三进五

图3-7

双方经过兑子转换，局面较为平稳，红方稍好。

2. 炮8平7

⑧…… 炮8平7（图3-8）

黑方策划弃子抢攻，使棋局导向尖锐、复杂的变化。

⑨马六进四

红方接受弃子，局面导向复杂。

⑨…… 车8进9

⑩马三退二 卒7进1

⑪马四进三 炮5进4

⑫仕四进五 炮5退2

这里黑方如走卒7进1，则马

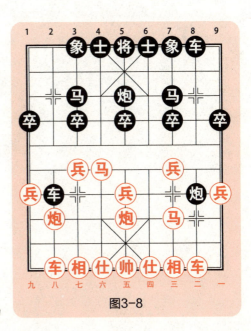

图3-8

三退四，卒7平6，马二进三，炮5退2，马四进二，红方进马可抢先发难。

⑬ 马三退四　卒7进1　　　⑭ 马四进二　象7进5
⑮ 前马退三　炮7平1

红方子力灵活，黑方多卒，相比之下红方稍好。

第四章 中炮过河车对屏风马平炮兑车

中炮过河车对屏风马平炮兑车的布局特点是：先手方主动进攻，而后手方则在固守中伺机反击，局势复杂多变。先手当头炮主攻中路，但是由于炮占据中位，双相不能连环，后手方则抓住这个弱点进行反击。当黑方平炮兑车时，红方如应兑则局势过于平稳，红方先手不大；红方如避兑则局面复杂多变，二者各有千秋。

本章共分四节，第一节用2局来介绍红方七路马盘河的变化；第二节用4局介绍五九炮过河车对屏风马平炮兑车的变化；第三节用4局介绍中炮过河车对屏风马左马盘河的变化；第四节用3局介绍中炮过河车对屏风马平炮兑车红方急进中兵的变化。

第一节 红方七路马盘河

【例局1】黑方跳外马

① 炮二平五　马8进7　　　② 马二进三　车9平8

③ 车一平二　马2进3　　　④ 兵七进一

红方挺兵制马正确，如果急走车二进六则易遭到黑方有力的反击。这里试演一例：车二进六，炮8平9，车二平三，炮9退1，兵三进一，炮9平7，车三平四，卒3进1，马八进九（由于黑方7路炮控制红方三路线，红马失去马八进七跳正马的机会，只能跳边马），象3进5，黑方子力活跃，明显反先。

④ ……　　卒7进1　　　⑤ 车二进六

黑方挺起7卒，红车必然过河，如改走马八进七，则炮8进4进炮封车，红方无法实现预定的过河车计划。

⑤ ……　　炮8平9　　　⑥ 车二平三

20世纪60~70年代流行走车二进三兑车的变化，兑车后红方攻势减弱，局势较为平稳，现则流行平车压马的变化，但是不论兑车或是压马，黑方中路都将受到一定的威胁，屏风马方重在防守，但对当头炮方右翼亦有所牵制，可以伺机组织反击。

⑥ ……　　炮9退1　　　⑦ 马八进七　士4进5

红方跳七路马后，可以配合中车中炮对黑方中路形成攻击，所以此时黑方补士是很关键的一着棋。

⑧ 马七进六　炮9平7　　　⑨ 车三平四　马7进8

黑方跳外马形成冲卒逐车的威胁，是对攻性很强的应着。红方以下有两种下法：车四退三、车四平三。

1. 车四退三

⑩ 车四退三

红方退车兵线，牵制黑方左翼车马活动。

⑩……　象7进5

黑方飞左象是出于两点原因考虑：一是红方占据四路线，象3进5以后红方始终存在一个车四进五的反击手段，黑方很难受；二是象7进5以后为黑方7路炮找到一个位置，之后可以炮7退1加强防御能力。

⑪ 车九进一

黑方以下有两种应法：炮2平1、炮2进4。

（1）炮2平1

⑪……　炮2平1（图4-1）

黑方平炮准备亮右车，节奏明快。

⑫ 马六进七

红方如改走兵五进一，车1平2，炮八平七，炮7进5，相三进一，炮7平1，车九平二，车2进5，黑方多卒且子力位置较好，反先。

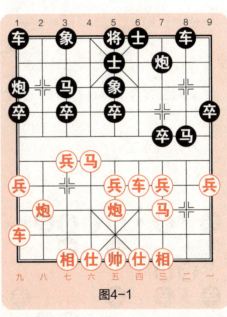

图4-1

⑫……　车1平2

⑬ 炮八平七　车2进3

⑭ 兵五进一

红方如改走马七退六，马3进2，兵七进一，马2进1，炮七平九，马8进7，黑方易走。

⑭……　卒7进1　　⑮ 马三退一　卒7平6

⑯ 车四平五　炮7进2

黑方易走。

（2）炮2进4

⑪……　炮2进4（图4-2）

图4-2

黑方打车瞄兵，对攻之着。

⑫ 兵五进一　炮2退1

⑬ 车九平六　马8进7

这是黑方保持变化的下法，如改走炮2平4，车六进三，车1平2，炮八平七，车2进4，双方大体均势。

⑭ 炮五进一　马7退8

⑮ 兵五进一　炮2平4

⑯ 车六进三　炮7进6

⑰ 兵五进一　马3进5

⑱ 车六进四　车8进2

面对红方弃子抢攻，黑方则全力防御，相比之下，黑方主动。

2. 车四平三

⑩ 车四平三（图4-3）马8退9

⑪ 车三退一

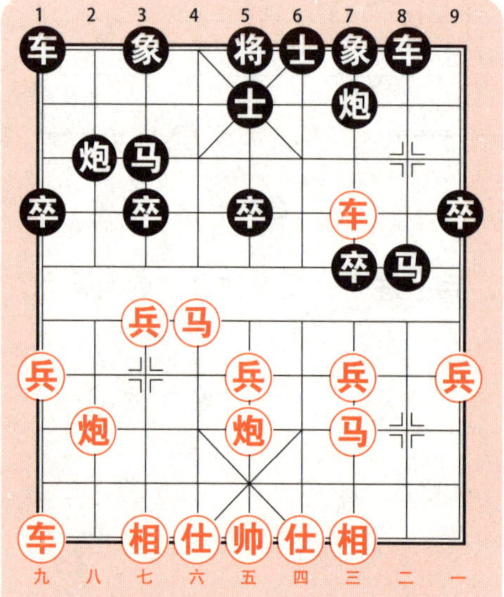

红方退车杀卒，稳健。

⑪ ……　象3进5

⑫ 车三退一　炮2进3

黑方进炮牵制，好棋。

⑬ 马三退五

红方退马准备马五进七策应左翼，正着。

⑬ ……　车8进3

黑方进车伺机掩护左马。

⑭ 相三进一

红方飞相弥补底线的弱点，正确。

图4-3

⑭ ……　车8平6

黑方如改走马9进7，则马六进四，红方易走。至此，双方大体均势。

【例局2】黑方进骑河车

① 炮二平五　马8进7
② 马二进三　车9平8
③ 车一平二　马2进3
④ 兵七进一　卒7进1
⑤ 车二进六　炮8平9
⑥ 车二平三　炮9退1
⑦ 马八进七　士4进5
⑧ 马七进六　炮9平7
⑨ 车三平四　车8进5

黑方进车捉马，积极主动，不给红方多留选择空间。如改走象3进5，则炮八平六，车8进5，车九平八，车1平2，兵三进一，车8平7，马三进四，红方有攻势易走。

⑩ 炮八进二

黑方大体有两种选择：象3进5、车8进3。

1. 象3进5

⑩ ……　象3进5（图4-4）

黑方飞象联防是稳健的应法，如改走卒3进1，马六进五，车8平3，炮八平九，车1平2，马五进七，红方大占先手。

⑪ 炮五平六

红方卸中炮封车，稳扎稳打，待机而动，灵活中不失进取。

⑪ ……　卒3进1

黑方兑卒，拆散红方炮架，是常用着法。

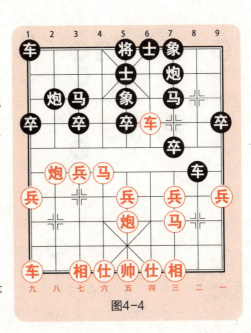

图4-4

⑫ **兵三进一**

红方弃兵，引车入围。

⑫…… 车8退1

黑方退车避让，正着，如改走车8平7，相七进五，车7进1，炮八退一，打死黑车，红方大优。

⑬ **兵七进一 象5进3**

黑方如改走卒7进1，则兵七进一，马3退4，相七进五，卒7进1，马三退五，红优。

⑭ **炮八平七**

红方平炮打马，着法积极。

⑭…… 马3进4

黑方进马是先弃后取之着，双方交换以后，局势趋于缓和。

⑮ **炮六进三**

进炮打马先得实惠，算准以后弃还一子可争取先手。如改走车四进二，则炮2退1，炮六进三，炮2平6，炮六平二，马7进8，局势平稳。

⑮…… 卒7进1

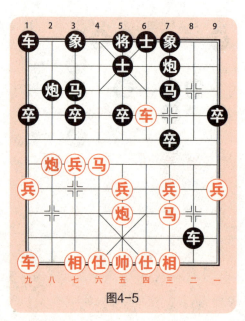

图4-5

⑯ **炮六进三**

这步棋是弃子引离战术的典范。

⑯…… 炮7平4

⑰ **炮七平三 车8平7**

⑱ **相七进五**

双方大体均势。这是先手方谋和棋的定式之一，读者要熟记。

2. 车8进3

⑩…… 车8进3（图4-5）

黑方进车是求变之着，意在诱使红方补仕拦车，则车8平7捉马进行牵制。

⑪ 炮八平九

红方平炮打车，是抢先之着。

⑪…… 车1平2　　⑫ 炮五平八　炮2平1

⑬ 炮九进三　象3进1　⑭ 车九平八

红方也可以选择车九进二，象7进5，马六进七，象1退3，仕四进五，红方稍好。

⑭…… 车8平4　　⑮ 马六进七　车2进3

⑯ 兵七进一　车4退1　⑰ 炮八进三　车4平7

黑方如改走车4平3，车四进二，车3退3，车四平三，马7进6，炮八平四，车2进6，炮四进一，红优。

⑱ 相七进五

红方正着，如改走炮八平三，车2进6，炮三退三，马7进8，车四平三，马8进6，黑方得子。

⑱…… 车7退1

双方对抢先手。

第二节　五九炮过河车对屏风马平炮兑车

【例局1】红方炮打中卒

① 炮二平五　马8进7　　② 马二进三　马2进3

③ 车一平二　车9平8　　④ 兵七进一　卒7进1

⑤ 车二进六　炮8平9　　⑥ 车二平三　炮9退1

⑦ 马八进七　士4进5　　　⑧ 炮八平九

红方平九路炮意在开出左车，与右车配合成钳形攻势，是现代流行布局中的重要体系。

⑧ ……　炮9平7　　　⑨ 车三平四　马7进8

黑方跃马外肋，威胁红方右翼，是经过实战验证的正确着法，准备强渡7卒助战，给红方增加压力。如改走象7进5虽然稳健，但被红方左车出动后插入卒林，子力空间较大，黑方没有取得相应的补偿，局势不免有些被动。

⑩ 车九平八　车1平2　　　⑪ 炮五进四

红方中炮击卒形成交换，以红方中炮兑掉黑方3路马可以说不划算，但取得中卒，并使黑方2路车炮脱根，亦有所得。此变化曾流行于20世纪70年代，为喜爱对攻的棋手所采用，另有炮九进四、车四进二、车八进六等选择。

⑪ ……　马3进5　　　⑫ 车四平五

当前局面下黑方主要有两种走法：炮7进5、卒7进1。

1. 炮7进5

⑫ ……　炮7进5

黑方进炮打兵，着法积极。红方有以下两种变化：马三退五、相三进五。

（1）马三退五

⑬ 马三退五　（图4-6）

红方退窝心马避开7路炮的锋芒。

⑬ ……　炮2进5

黑方进炮封车限制红方左马的活动，同时解除了红方车八进六牵

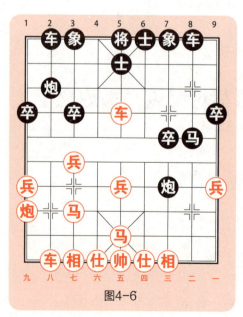

图4-6

制黑方车炮的手段。

⑭ 相七进五

红方飞相是稳健的选择。

⑭ ……　车8进2

黑方高车准备策应右翼，灵活之着。

⑮ 马五退七　炮2退1　　⑯ 炮九进四

红方炮打边卒是正确的选择，这样防住黑方车8平4占肋的手段。一旦黑方选择车8平4，则车五平六兑车，红方先手进一步扩大的。

⑯ ……　卒7进1　　⑰ 相五进三　马8进6

⑱ 车五平六

红方先手。

（2）相三进五

⑬ 相三进五（图4-7）　卒7进1

⑭ 车八进四

如果红方欲保持变化，则选择马七进六，马8进6，车五退二，炮2进6，双方攻防复杂。

⑭ ……　马8进6

⑮ 车五退二　马6进7

⑯ 车五平三　车8进6

⑰ 仕六进五　象3进5

⑱ 炮九平八

以下红方可以得回失子，双方大体均势。

2. 卒7进1

⑫ ……　卒7进1（图4-8）

黑方献卒，准备弃子抢攻，这是一路对攻性极强的走法。

图4-7

图4-8

⑬ 兵三进一　马8进6

黑方不能走炮7进6，否则炮九平三，马8进6，车五平二，红优。

⑭ 马三进四　炮7进8

⑮ 仕四进五　炮7平9

⑯ 车八进四

红方高车生根兼防住黑方进炮封车，这是保持先手的关键。

⑯ ……　　车8进9

⑰ 仕五退四　车2进1

⑱ 炮九进四

红方边炮打卒，防止黑炮平8弃车抢攻。如此时黑方仍走炮2平8，则车八进四，车8退6，仕四进五，黑方不能车8平5，因红方有炮九平五叫将得车再支仕解杀的手段。至此，双方对攻，红方形势较好。

【例局2】红方进肋车捉炮

① 炮二平五　马8进7　② 马二进三　马2进3

③ 车一平二　车9平8　④ 兵七进一　卒7进1

⑤ 车二进六　炮8平9　⑥ 车二平三　炮9退1

⑦ 马八进七　士4进5　⑧ 炮八平九　炮9平7

⑨ 车三平四　马7进8　⑩ 车九平八　车1平2

⑪ 车四进二

红方肋车捉炮，避开黑方冲卒的反击手段，是力争先手的强行攻法。至此，黑方有两种着法：炮2退1、炮7进5。

1. 炮2退1

⑪ ……　　炮2退1（图4-9）

黑方退炮打车，稳健的着法。

⑫ 车四退三

红方退车骑河，准备兑七兵攻击黑方3路马，迫使黑方补中象，为左车过河捉马抢先赢得时间。

⑫ ……　　象3进5

⑬ 车八进七　　马8进7

⑭ 车四退二　　炮7进1

黑方升炮保马，正着。如改走车2平3，马七进六，红方子力活跃。

⑮ 炮九进四

红方炮打边卒，准备展开侧翼进攻。

⑮ ……　　车8进8

黑方伸车下二路，是争取对攻的走法。至此，双方展开对攻。

图4-9

2. 炮7进5

⑪ ……　　炮7进5（图4-10）

黑方炮打三兵，谋求的是比较积极的应法。

⑫ 相三进一　　炮2进4

黑方双炮过河，意在通过封锁兵线来制约红方的攻击，是一步有力的反击着法。

⑬ 兵五进一

红方冲中兵必然，这是打破黑方封锁的唯一方法。

⑬ ……　　炮7平3

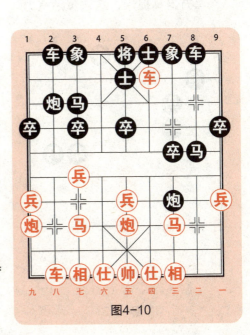

图4-10

黑方继续贯彻封锁计划，如改走卒7进1，车四退五，炮2进2，相一进三，红方略先。

⑭马三进四

红方跃马，准备马四进五取中卒或兵五进一再马四进六踏双，着法积极。黑方有两种变化：车8进3、炮2退5。

（1）车8进3

⑭……　车8进3（图4-11）

黑方升车卒林，加强中路防守，待机而动。

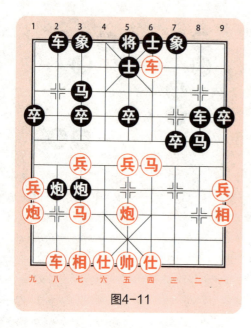

图4-11

⑮炮五平三

红方平炮侧攻，方向正确。

⑮……　象7进9

黑方退马捉炮，着法灵活有力。

⑯马四退五

⑯……　炮3平4

⑰马五进六

红方进马，准备巧过七兵，至此，红方易走。

（2）炮2退5

⑭……　炮2退5（图4-12）

黑方退炮逐车，解除红车对双象联络的切断。

⑮车四退三　卒7进1

黑方打车以后，再冲7卒，次序正确。

⑯马四退三

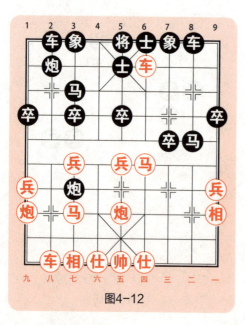

图4-12

红方正着，如改走相一进三，炮3平6，车四平三，象3进5，红方有失子之忧。

⑯…… 象3进5

黑方正着，如改走卒7进1，红方可兵七进一，抢攻在前，占优。布局至此，红方稍占先手。

【例局3】红方退窝心马

① 炮二平五　马8进7　　② 马二进三　车9平8
③ 车一平二　卒7进1　　④ 车二进六

黑方挺起7卒，红车必然过河，如改走马八进七，则炮8进4进炮封车，红方无法实现预订的过河车计划。

④…… 马2进3　　⑤ 兵七进一　炮8平9
⑥ 车二平三　炮9退1　　⑦ 马八进七　士4进5
⑧ 炮八平九　车1平2　　⑨ 车九平八　炮9平7
⑩ 车三平四　马7进8　　⑪ 马三退五

红方退窝心马是近年来新兴起的变化，这手棋的好处在于既可削减黑方在7路线的攻势，又可为双马连环由左翼出击创造条件。

⑪…… 卒7进1

红方主要有两种走法：车四进二、车四退一。

1. 车四进二

⑫ 车四进二　（图4-13）

炮7进5

⑬ 车八进六

红方左车过河增加打击力量。如改走马七进六，马8进6，车四

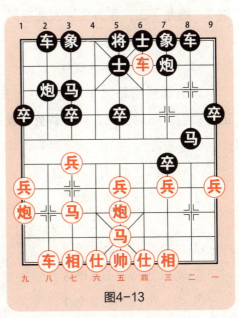

图4-13

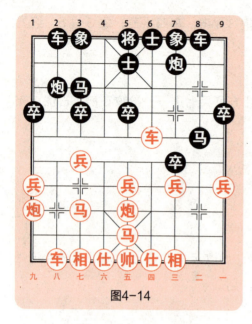

图4-14

退三,炮2进4,红车被封,黑方满意。

⑬…… 马8进6

黑方进马抢先发难,如改走车8进2,则马七进六,马8进6,车四退三,红方仍然保持先手。

⑭ 车四退三　车8进8

黑方进车下二路是保持攻击火力的要着。

⑮ 炮九退一　车8退1

⑯ 马七进六　车8平6

双方对攻,形势复杂。

2. 车四退一

⑫ 车四退一（图4-14）　卒7进1

黑方正着,如改走炮7进5,车八进六,马8进6,炮五平三,马6进7,炮九平三,黑方失去发展空间。

⑬ 车八进六　象7进5　　⑭ 马七进六　马8退7

⑮ 车四退一　车8进4

黑方通过回马踏车,迫使红车离开巡河线,然后再进车守住河口要道,稳健。布局至此,双方蓄势待发,各有千秋。

【例局4】红方炮打边卒

① 炮二平五　马8进7　　② 马二进三　车9平8

③ 车一平二　马2进3　　④ 兵七进一　卒7进1

⑤ 车二进六　炮8平9　　⑥ 车二平三　炮9退1

⑦ 马八进七　士4进5　　⑧ 炮八平九　车1平2

⑨ 车九平八　炮9平7　　⑩ 车三平四　马7进8

⑪ **炮九进四**

红方炮打边卒是20世纪60年代中期出现的变着，红方炮打边卒以后不仅多得一卒，而且在窥视中路的同时也牵制了黑方卒7进1的反击。黑方主要有卒7进1和炮7进5两种着法。

1. 卒7进1

⑪…… 卒7进1

红方以下有两种走法：炮九平五、炮五进四。

（1）炮九平五

⑫ **炮九平五** （图4-15）

红方平炮打卒，谋求多卒的优势。

图4-15

⑫…… 马3进5

黑方正着，如改走象7进5，则黑车防御能力将大大削弱，阵形呆板。

⑬ **炮五进四** 象3进5

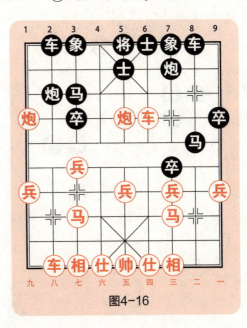

图4-16

⑭ **车四平三** 马8退9
⑮ **车三退二** 车8进3
⑯ **马七进六** 炮2进3
⑰ **车三进三**

红方先手。

（2）炮五进四

⑫ **炮五进四** （图4-16）
象3进5
⑬ **车四平三** 马8退9

⑭ 车三退二　炮2进6

黑方如改走炮2进5，马三退五，卒3进1，马五进六，马3进1，车八进二，车2进7，马六退八，车8进3，马七进六，红方先手。

⑮ 炮五平六　卒3进1　　　　⑯ 炮九退二　车8进7

黑方反先。

2. 炮7进5

⑪ ……　炮7进5（图4-17）　⑫ 炮五进四

红方炮击中卒形成著名的双炮过河变例。这一变例特级大师卜凤波尤为擅长。

⑫ ……　象3进5

黑方补象牢防，正确。如改走马3进5，炮一平五，象3进5，炮五退一，炮3进3，仕六进五，红方虽然损失一相，但是红方左车牵制住黑方车炮，红方优势。

⑬ 马三退五

红方退马正确，缓解黑方对底线的攻击。

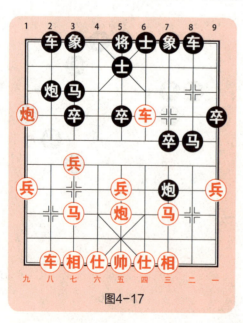

图4-17

⑬ ……　卒7进1

⑭ 车四平一　马8退7

黑方也可以选择炮2进4，炮五退一，马3进1，车一平七，马1退2，车七平八，车2平4，前车进二，车8进3，大体均势。

⑮ 车一平四　马7进5

⑯ 炮九平五　马3进5

⑰ 车四平五　炮2进5

⑱ 相七进五

红方稍好。

第三节　中炮过河车对屏风马左马盘河

【例局1】红方高左炮

① 炮二平五　马8进7　② 马二进三　车9平8
③ 车一平二　马2进3　④ 兵七进一　卒7进1
⑤ 车二进六　马7进6

至此形成中炮过河车对屏风马左马盘河的布局定式。中炮过河车对屏风马左马盘河布局自20世纪50年代开始流行，至今仍是屏风马方的主流变化。随着平炮兑车这种反击体系的发展，左马盘河曾经冷落了一段，经过棋手们不断地研究，这一布局又出了很多新的变化，极大地丰富了左马盘河的布局体系，为这一布局注入了新鲜血液。这种布局的特点是：屏风马方第5回合左马盘河，伺机进7卒咬车攻马，寻求反击；中炮方为了保持过河车牵制屏风马方无根车炮的优势，总是千方百计打击对方的盘河马，双方焦点就在于此。

⑥ 马八进七　象3进5

黑方飞右象加强中防，是非常经典走法。

⑦ 炮八进一

红方炮八进一，俗称"高左炮"，用这种方式攻左马盘河起始于20世纪60年代，至今仍是红方的主要攻法。以下黑方有两种走法：卒7进1、士4进5。

1. 卒7进1

⑦ ……　　卒7进1（图4-18）

⑧ 车二平四

红方平车捉马是对车二退一的改进，如改走车二退一，卒7进1，马三退五，马6退7，车二进一，炮8平9，车二平三，车8进2，红方右翼将承受很大防守压力，黑方满意。

⑧ …… 马6进7

⑨ 炮五平四

红方旧式多走炮五平六，炮8进5，相七进五，炮2进2，马七进六，炮2平7，红方右翼易受攻击。

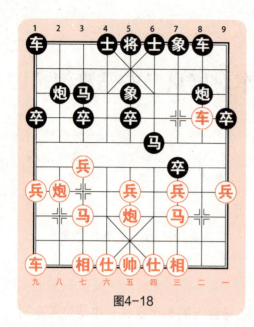

图4-18

⑨ …… 炮8进5

此为保持先手的关键。如改走炮七进四打士，则象7进9，炮四退二，车8平6，双方互相牵制，各有顾忌。

⑩ 相七进五

⑩ …… 炮8平6

黑方兑炮，在简化局面的同时，引离红车，稳健。如改走炮2进2，相五进三，炮2平7，相三退五，车8进6，马七进六，黑方虽然集结重兵在红方右翼，但是并没有好的进攻手段。

⑪ 车四退四　炮2进2　　⑫ 相五进三　炮2平7

⑬ 马七进六　车8进7　　⑭ 炮八平七

红方主动。

2. 士4进5

⑦ ……　士4进5（图4-19）

黑方补士易把局势导向复杂的对抗形势。

⑧ 车二平四　炮8进2　　⑨ 兵三进一

红方冲兵，拆散黑方炮架，正着。

⑨…… 炮2进2

⑩ 兵三进一　炮2平7

⑪ 马三进四　炮8进5

黑方弃子抢攻，局势进入白热化。

⑫ 车四退一　车8进7

黑方进车，准备车8平6捉底仕的同时对红方实施牵制战术。

⑬ 马四进六　车8平7

⑭ 马七退五

红方退马护住底相必然，如果丢相，则黑方车双炮攻势猛烈，红方不易应对。

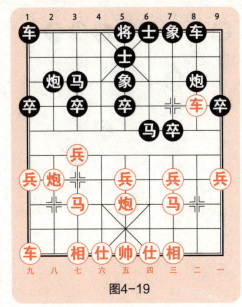

图4-19

⑭…… 炮7进5

⑮ 马五退三　车7进2

⑯ 车四平二　炮8平6

双方攻守复杂，大战一触即发。

【例局2】黑方急冲7卒

① 炮二平五　马8进7

② 马二进三　卒7进1

③ 车一平二　车9平8

④ 车二进六　马2进3

⑤ 马八进七　马7进6

⑥ 兵七进一　卒7进1

急冲7卒战术在20世纪70年代中期曾经出现过，但是由于战绩不佳被束之高阁。当时的象棋理论认为黑方在未飞象巩固中防的前提下先挺7卒驱车是一种急躁的下法，黑方必须先飞象巩固中路后再徐图反击，因而这手棋沉寂多年而淡出棋坛。近年棋手多方研究认为这是一步可行之着，黑方可以反击得手，因而又为棋手在实战中大量采用。以下红方有两种走法：车四退一、车二平四。

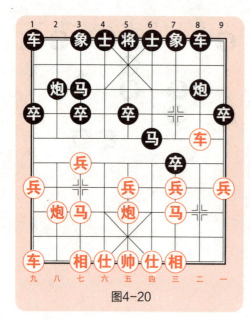

图4-20

1. 车四退一

⑦ **车二退一**（图4-20）

卒7进1

黑方再冲7卒形成对攻之势，紧凑。黑方选择马6进4，则兵三进一，马4进3，炮八进四，士4进5，车九进二，红方先弃后取，从容占优。

⑧ **车二平四**

红方必走之着，如改走马三退五，马6退7，车二进一，车1进1，黑方攻击火力凶猛，红方的窝心马不好调整，黑方前景乐观。

⑧…… 卒7进1

红方如改走车四平二，则卒7平6，炮五平六，卒6进1，黑卒深入红方腹地，以后车1进1配合作战，红方无趣。

⑨ **马七进六**

⑨…… 炮8平5

黑方还架中炮正确，既可攻击红方无根中兵，又亮出左车，一着两用，实惠。

⑩ **炮八平三** 车8进5

黑方正确。如改走炮2退1，车九平八，炮2平9，车四退二！红方子力开扬，黑方难有作为。

⑪ **马六进五** 炮5进4

黑方如改走马3进5，炮五进四，炮5进4，车四退二，红方易走。

⑫ **仕四进五** 马3进5　　⑬ **帅五平四**

红方出帅既有助攻之效，又可摆脱中路受制之困，保持先手的关键。如改走车四平五，炮2退5，车五进一，炮5退1，黑方满意。

⑬…… 炮2平6

黑方及时弃还一子。

⑭ 车四进二　士6进5

⑮ 车四退四　马5进6

双方互缠，总体来看仍是红方略优。

2. 车二平四

⑦ 车二平四　马6进8

当前局面下红方有两种走法：兵三进一、马三退五。

（1）兵三进一

⑧ 兵三进一（图4-21）

图4-21

马8进7

⑨ 炮五进四　马3进5　　⑩ 车四平五　士6进5

⑪ 炮八平三　炮8进7　　⑫ 车九进一

红方高车策应右翼的同时，防止黑方车8进8的骚扰，正着。如改走马七进六，则炮2平6，车九进二，车8进8，相七进五，炮6进5，相五退七，车8平6，黑方有攻势。

⑫ ……　炮2平6　　　　⑬ 兵三进一　车1平2

⑭ 车九平三

红方炮后藏车，构思精巧。

⑭ ……　车2进4　　　　⑮ 炮三进二　车8进7

⑯ 炮三平五

双方对攻。

（2）马三退五

⑧ 马三退五（图4-22）　卒7进1

⑨ 马七进六　炮8平5　　⑩ 马五进七

红方跳出窝心马，正确。如改走炮八平七，车8进4，车九平八，车1平

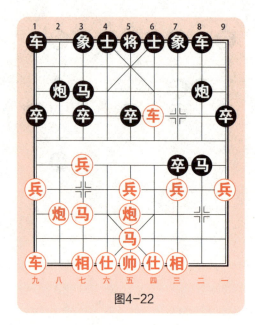

图4-22

2，车八进六，士4进5，黑方易走。

⑩……　　炮2进4

⑪车九进一　炮2平3

⑫马六进五

交换以后打破胶着局面，简明。如红方改走相七进九，车1平2，车九平二，士4进5，炮八退二，卒7平6，黑方易走。

⑫……　　车1平2

⑬车九平四　士6进5

⑭仕六进五

至此，红方补好弱点，局面占优。

【例局3】黑方起右横车

① 炮二平五　马8进7　　② 马二进三　车9平8

③ 车一平二　卒7进1　　④ 车二进六　马2进3

⑤ 兵七进一　马7进6　　⑥ 马八进七　车1进1

黑方不走补象，起右横车，意在放弃中路固守，配合盘河马与红方展开对攻，双方容易形成短兵相接之势，攻杀激烈。这种应法在20世纪70~80年代开始流行，深为攻杀型棋手所喜爱。

⑦ 兵五进一

针对黑方中防空虚，红方抢冲中兵是非常典型的直攻战术。

⑦……　　卒7进1

黑方冲卒捉车，实施反击计划。

⑧ 车二平四

从近年来的实战效果来看，平车捉马的效率要明显好于车二退一退车捉马。因而棋手在这个局面下大多会选择车二平四。至此，黑方主要有两种选择：马6进7、卒7进1。

1. 马6进7

⑧…… 马6进7（图4-23）

⑨兵五进一

红方再冲中兵，紧着，如先走马三进五，炮8平5，兵五进一，炮2进1，黑方可抗衡。

图4-23

⑨…… 车1平7

黑方平车配合7卒展开攻击。如改走炮8平5，兵五进一，炮5进5，炮八平五，马7进5，相七进五，炮2进1，兵五平六，马3退5，车四平五，红方先手。

⑩兵五进一　士6进5

沉底炮是急攻型的选择，也可以卒7平6，车四退二，炮8平7，相三进一，马7进9，双方同样是对攻之势。

⑪马三进五　炮8平7

⑫兵五平六　炮8平9

红方进车是防守要点。

⑬车九进一

⑬…… 象7进5

⑭车九平三　车8进9

⑮兵六平七　炮9平7

⑯帅五进一　车7平8

⑰炮八退一

红方防守严密，黑方无从下手，演变下去红方占优。

2. 卒7进1

⑧…… 卒7进1（图4-24）　⑨兵五进一

红方再冲中兵，不仅准备突破黑方的中路防线，而且可以削弱黑方盘河马的效率。

⑨…… 卒7进1

黑方另有炮8平5的走法，以下马三退五，马6进8，兵五进一，

图4-24

马3进5,车四平五,炮5退1,车五平三,炮2平5,黑方强攻红方中路,局势也是非常复杂。

⑩ 兵五进一　士4进5

⑪ 车四退一　车1平4

黑方快速出动右车,不与红方做过多的纠缠,这是黑方反击的要点。如改走炮2进1,兵五平四,炮8平5,仕六进五,车1平4,马七进五,红方优势明显。

⑫ 车九进一

红方进车守住下二路,攻守兼备。这也是红方保持先行之利的关键。红方另有两种选择,结果都不理想:一是马七进五,车4进5,马五进三,炮2进1,兵五进一,象7进5,马三进五,车4进2,黑方易走;二是仕六进五,炮8进7,兵五平四,象7进5,马七进五,卒7进1,炮八平六,车4进5,马五进三,卒7平6,黑方有攻势,占优。

⑫ ……　　炮2进1

⑬ 兵五平四　炮8平5

⑭ 仕六进五　车8进5

⑮ 相七进九

上一手黑方骑河车非常凶悍,红方飞边相先守一着,冷静。

⑮ ……　　车4进5

至此,双方进入复杂的中局阶段,就局面而言双方仍处对攻之势,难分高下。

【例局4】红方五九炮攻法

① 炮二平五　马8进7　　② 马二进三　车9平8

③ 车一平二　卒7进1　　④ 车二进六　马2进3

⑤ 兵七进一　马7进6　　⑥ 马八进七　象3进5

⑦ 炮八平九

五九炮布局的特点是两翼均衡出动子力，因而在应对盘河马时，更为稳健从容。

⑦……　车1平2

⑧ 车九平八

以下黑方有三种下法：炮2进6、炮2进1、卒7进1。

1. 炮2进6

⑧……　炮2进6（图4-25）

当前局面下也有棋手选择过炮2进4的下法，以下车二平四，马6进7，炮五平四，士6进5，车四平二，黑炮受牵，红方先手。

图4-25

⑨ 兵五进一

红方冲中兵是急攻型着法，也可走车二平四，以下马6进7，马七进六，炮8进4，马六进五，红方略好，局面也相对平稳一些。

⑨……　卒7进1　　⑩ 车二退五

红方好棋，如改走车二平四，卒7进1，兵五进一，卒7进1，兵五进一，马3进5，双方必将陷入混战，红方不易控制局面。

⑩……　炮2退2　　⑪ 兵三进一　炮8进4

⑫ 兵五进一

红方冲兵要着，限制黑马的空间，准备通过兑子交换扩大先手。

⑫……　卒5进1　　⑬ 马七进五　马6进5

⑭ 炮五进三　士4进5　　⑮ 马三进五

红方主动。

2. 炮2进1

⑧……　炮2进1（图4-26）

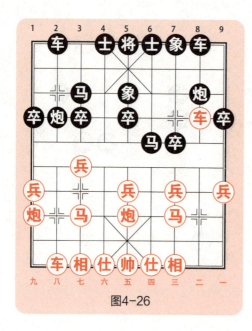

图4-26

黑方进炮卒线,待机冲3卒闪击红方右车,这是近年兴起的下法。

⑨ 炮九进四

此为红方保持先手的关键。

⑨ ……　　卒7进1

⑩ 车二退一　马6退7

⑪ 车二平九

红方平车准备弃子抢攻黑方右翼。

⑪ ……　　卒7进1

⑫ 炮九进三　象5退3

⑬ 车九平三

红方逼退黑象后再平车捉双,好棋。

⑭ 车三退二

⑬ ……　　马7退5

红方先手。

3. 卒7进1

⑧ ……　　卒7进1(图4-27)

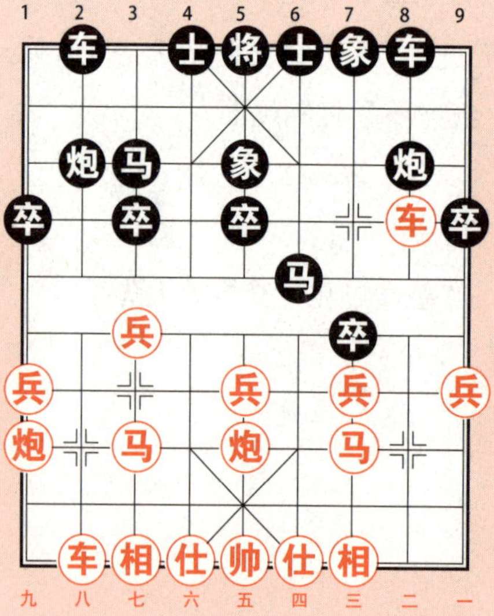

⑨ 车二平四　马6进8

⑩ 马三退五　卒7进1

⑪ 马七进六　炮8平9

⑫ 车八进六

红方左车过河,利于控制局势。

⑫ ……　　士4进5

⑬ 炮九进四　车8进4

黑方升车巡河攻守两利。

⑭ 炮九进一　炮2退1

至此形成各攻一翼的走法,双方互有顾忌。

图4-27

第四节　中炮过河车屏风马平炮兑车红方急进中兵

【例局1】红方叠兵攻势

① 炮二平五　马8进7　　② 马二进三　车9平8
③ 车一平二　马2进3　　④ 兵七进一　卒7进1
⑤ 车二进六　炮8平9　　⑥ 车二平三　炮9退1
⑦ 兵五进一

红方冲中兵是激烈的对攻性着法。很多棋手在比赛中处于抢分阶段时，都会选择这种对攻激烈的变化，以便在乱战中制造战机。

⑦ ……　士4进5

黑方补士巩固中防，正确。

⑧ 兵五进一

红方续冲中兵是中炮过河车对屏风马平炮兑车的一路主要攻法。早在20世纪60年代初期特级大师王嘉良就擅长这种布局战术。80年代以后，特级大师赵国荣又对这一布局进行改进，经过几十年几代棋手反复钻研，这一攻法已经成为先手方犀利的武器。

⑧ ……　炮9平7　　⑨ 车三平四

红方平炮打车正着。如改走卒5进1，则马三进五，黑方卒林线被打通，红方先手很大。

⑨ ……　卒7进1

黑方急冲7卒，意图弃卒后左车进占兵林线，是久经考验的经典反击战术。

⑩ 兵三进一

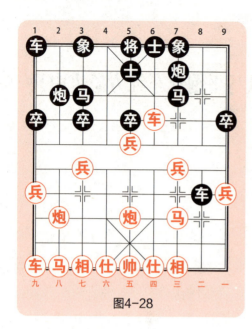

图4-28

以下黑方有两种应法：车8进6、象3进5。

1. 车8进6

⑩ …… 车8进6（图4-28）

⑪ 兵五平四

红方横兵四路，准备平三形成"前后叠兵"，对黑方7路线施加压力。

⑪ …… 象3进5

⑫ 马八进七 车8平3

黑方平车压马，不如马7进6简明。

⑬ 马七进五 车1平4

红方平兵封锁黑方7路线，这是叠兵战术的精华所在。

⑭ …… 卒3进1

⑯ 车四进二 炮7进2

红方稍好。

⑭ 兵四平三

⑮ 前兵进1 炮2进1

⑰ 马五进四

2. 象3进5

⑩ …… 象3进5（图4-29）

⑪ 兵五平四

红方横兵四路，准备平三形成"前后叠兵"，对黑方7路线施加压力。

⑪ …… 车8进6

⑫ 兵四平三 卒3进1

黑方先弃后取的战术手段，以谋得反击。

⑬ 兵七进一 车8平3

⑭ 炮八平七 炮2进1

黑方打车试红方应手，希望红方会选择车四进二，则黑方再炮2退2打车抢先。

⑮ 车四退二 车3退2

⑯ 炮七进五 车3退2

⑰ 马八进九

红方稍好。

【例局2】黑方急冲7卒

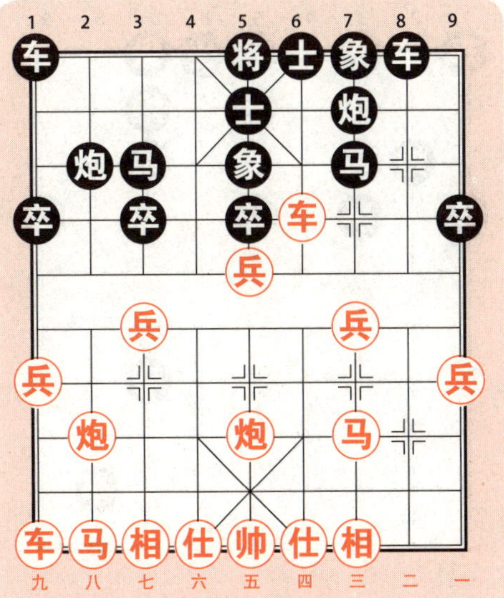

① 炮二平五　马8进7
② 马二进三　车9平8
③ 车一平二　卒7进1
④ 车二进六　马2进3
⑤ 兵七进一　炮8平9
⑥ 车二平三　炮9退1
⑦ 兵五进一　士4进5
⑧ 兵五进一　炮9平7
⑨ 车三平四　卒7进1

红方进马盘中，加强中路攻势。

⑩ ……　　　卒7进1

图4-29

⑩ 马三进五

以往也曾流行过卒7平6，认为红方吃掉弃卒会延缓攻势，但后来发现这一变例实战效果不佳，红方退车吃卒后，仍可从容组织起攻势，所以卒7平6的着法淡出棋坛。

⑪ 马五进六　车8进8

黑方放弃右马，伸车下二路，意在对攻，这是以攻为守的策略。以下红方有三种攻法：马八进七、炮五退一、马六进七。

1. 马八进七

⑫ 马八进七　（图4-30）　象3进5

黑方飞右象弃马，先巩固中防，伺机反击，这是一步精华之作。

⑬ 马六进七　车1平3　　　⑭ 前马退五　卒7平8

黑方外肋横卒，攻击底相，着法巧妙！

⑮ 仕四进五

图4-30

红方补仕是一种非常冷静的选择，如改走炮五平三，马7进8，炮三进七，象5退7，车四进二，炮2退1，车四退六，马8进7，黑方易走。

⑮ …… 车8进1
⑯ 炮五平六　炮7进8
⑰ 相七进五　马7进8
⑱ 车四进二

以下双方对攻，局面复杂，红方多子，黑方有攻势，从整体情况分析，红方易走。

2. 炮五退一

⑫ 炮五退一（图4-31）

退中炮强化中路攻势，这也是红方的主要进攻选择。

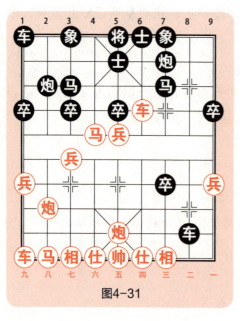

图4-31

⑫ …… 象3进5
⑬ 兵七进一

红方冲弃七兵，使局势复杂化。

⑬ …… 卒3进1

黑方弃马去兵，争先之着。

⑭ 马六进七　炮2进1
⑮ 车四退二　车1进2
⑯ 炮八平七　炮2退2
⑰ 相三进五　卒5进1
⑱ 马八进九

红方多子少兵，但子力位置开

扬，占据优势。

3. 马六进七

⑫ 马六进七（图4-32）

红方左翼车马炮按兵不动而先吃黑马，这是中炮方战法的重要分支。

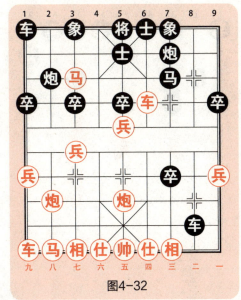

图4-32

⑫ ……　　车8平2

黑方如改走卒7平6，则炮五进四，象3进5，相七进五，马7进5，马七退五，车8平2，马八进六，车1平4，车四退三，车4进8，炮八平九，车2退4，炮九进四，双方对攻，红方稍好。

⑬ 兵五进一

红方冲中兵策划大规模的弃子抢攻战术。

⑬ ……　　车2退1

黑方贪吃，导致局面不可收拾。

⑮ 车九平六　象3进5　　⑭ 车九进二　车2进2

⑯ 车四进二

红方通过弃子取得先手，黑很难抵挡。

【例局3】黑方退窝心马

① 炮二平五　马8进7　　② 马二进三　车9平8
③ 车一平二　卒7进1　　④ 车二进六　马2进3
⑤ 兵七进一　炮8平9　　⑥ 车二平三　炮9退1
⑦ 兵五进一　马3退5

马退窝心拙中藏巧，是近年流行起来的新变例，为马方抗争注了新的活力。当前局面下红方主要有两种攻法：车三退一、炮八进四。

1. 车三退一

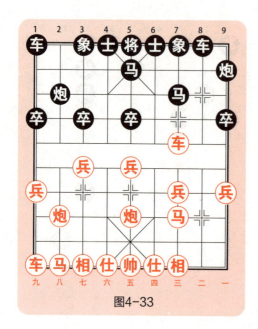

图4-33

⑧ 车三退一 （图4-33）

红方退车吃卒脱离险地。

⑧ ……　炮2平5

针对红方中兵浮起，黑方还架中炮紧凑有力。

⑨ 炮八平六　车1进2

⑩ 车三平六

红方平肋车正确，抢占要点。

⑩ ……　炮5进3

⑪ 仕六进五　车8进4

黑方进车邀兑是一步好棋。布局阶段双方都是在围绕充分发挥本方的行棋效率，遏制对方行棋效率展开部署的。现在黑方兑车就是通过兑掉红方效率最高的肋车来完成这一战术思想。

⑫ 车六退一

显然红方不能接受兑车，否则黑方马7进8以后立刻反先。

⑫ ……　马5进6　⑬ 马八进七　士4进5

⑭ 车九平八　车1平3

双方对峙。

2. 炮八进四

⑧ 炮八进四　卒3进1　⑨ 兵七进一　炮9平7

以下红方有两种着法：车三平二、炮五进四。

（1）车三平二

⑩ 车三平二 （图4-34）

红方平车邀兑化解危机的同时实现左炮右移，稳健。

⑩ ……　车8进3　⑪ 炮八平二　炮2平5

⑫ 马八进七　车1平2

⑬ 车九平八

红方兑车，意图把局面导向平稳的无车局较量当中去。

⑬ ……　　车2进9

⑭ 马七退八　炮5进3

黑方炮打中兵是实惠的选择，谋求兵卒局面的均衡。

⑮ 马三进五　卒5进1

黑方借机准备过卒，使自己的双马有更多的活动空间。

⑯ 兵七平六　炮5进2

⑰ 相七进五　卒5进1

双方大体均势。

（2）炮五进四

⑩ 炮五进四　（图4-35）

红方炮打中卒是寻求变化的选择，意在取得多兵之势。

⑩ ……　　象3进5

黑方飞象正确，如改走马7进5，车三平五，象3进5，黑方将比实战少走一步棋。

⑪ 车三平四　马7进5

⑫ 车四平五　马5进7

⑬ 车五平四　炮7平5

黑方乘红方左翼子力未动之机，平中炮准备吃中兵，直取红方中路，这是当前最有力的反击手段。

图4-34

⑱ 马五进七

图4-35

⑭ 相七进五　马7进8

黑方进马准备卒7进1展开反击，正确。如改走炮5进4，仕六进五，车1平3，兵七进一，红方大占优势。

⑮ 兵五进一

红方冲中兵弃子，意在引黑炮出击，局势复杂多变。

⑮ ……　　卒7进1

黑方中炮不为所动，继续在7路线进行反击，简明有力。

⑯ 车四退一　马8退7　　⑰ 车四进三　炮5进3

⑱ 马三进五　车1平3

黑方子力开扬，已经取得反先之势。

第五章　中炮直横车对屏风马两头蛇

中炮直横车对屏风马两头蛇是棋坛长盛不衰的主流布局。这一布局成形于20世纪70年代，后经棋手们不断努力探索，进一步充实了双方的攻防变化，日趋完善，自成体系。近年来尤为盛行。其布阵特点是：红方双马正起，双车迅速出动，极富攻击力，对黑方构成了较大威胁；黑方则运用两头蛇制约红马，凭借稳固的阵形，采取防守反击的策略与红方分庭抗礼。由于这一布局的对攻胜强，近年来又开发出不少新的攻防变化，在全国大赛上应用愈来愈多，这是棋手必须掌握的布局套路。本章共分两节，第一节用1局的内容介绍红方兑七兵的攻防变化；第二节用2局的内容介绍红方兑三兵的攻防变化。

第一节　红方邀兑七兵

【例局】红方进车下二路

① 炮二平五　马8进7　　② 马二进三　车9平8
③ 车一平二　卒7进1　　④ 车二进六　马2进3
⑤ 马八进七

红方左马正起,意在加快大子出动,并与进七兵交替出现,成为红方的两大进攻方案。

⑤……　卒3进1

黑方挺3卒既能活通己方的马路,又可克制对方马路,还伏有炮2进1打车的手段,是非常灵活的选择。

⑥ 车九进一

至此形成中炮直横车对屏风马的基本阵势。

⑥……　炮2进1

黑方进炮逐车,意在延缓红势,以利于构筑防御工事,是比较稳健的选择。

⑦ 车二退二　象3进5　　⑧ 兵七进一

红方兑七兵活通左马,这是红方的主要变例之一。

⑧……　炮8进2

黑方进炮守河护住3卒,意图在河口构建一个前沿堡垒。

⑨ 车九平六

红方平车控肋迅速占据要点。

⑨……　士4进5

⑩ 车六进七　车1平3

黑方平车保马预先防范，稳健。当前局面下红方主要有马七退五、炮五平六、兵三进一三种变化，分述如下。

1. 马七退五

⑪ 马七退五（图5-1）

马3进4

图5-1

黑方进肋马是一步积极的选择，保持对红方七路线的压力。此时如改走卒3进1，则车二平七，马3退1，车七退二，红方先手。

⑫ 炮五平七

红方平炮牵制黑方3路线，稳健。

⑫ ……　炮2平3

黑方平炮实施反牵制，要着。

⑬ 炮八进三　马4退6

⑭ 炮八进二　车3进2

⑮ 车六平八　车3平4

黑方易走。

2. 炮五平六

⑪ 炮五平六（图5-2）

图5-2

红方平炮灵活，既可加强对黑方右翼的控制，策应过河车，又可调整阵形。但是由于红方中炮拆开以后，无形之中损失了一步，同样也给了黑方调整阵形的时间,严格地讲,这手棋是弊大于利。

⑪……　　炮8退3　　　　⑫车六退二　炮8进2

⑬车六进二　炮8平6

黑方通过连续打车,多抢出一步棋,这种手段在对局中经常出现,称为"顿挫"。

⑭车二进五　马7退8　　　　⑮兵七进一　象5进3

⑯马七进六　象3退5

至此,黑方阵形稳固,双方大体均势。

3. 兵三进一

⑪兵三进一

以下黑方有两种选择:卒3进1、炮2进1。

(1) 卒3进1

⑪……　　卒3进1(图5-3)

黑方冲3卒意在对攻。

⑫兵三进一　卒3进1

图5-3

黑方继续冲卒威胁红马,正着。如改走象5进7,车二平七,红方易走。

⑬马七退五　象5进7

⑭车二平七　象7退5

黑方退炮稳健,保持阵形的工整。

⑮车七退一　炮8平3

双方对峙,大体均势。

(2) 炮2进1

⑪……　　炮2进1(图5-4)

黑方进炮较卒3进1的变例更

侧重于防御，局势较为平稳。

⑫ 马三进四　　卒 3 进 1

⑬ 兵三进一　　象 5 进 7

⑭ 马四进二　　卒 3 进 1

黑方要着，如改走车 8 进 4，车二平七，红方易走。

⑮ 车二平七　　车 8 进 4

⑯ 车七退一　　象 7 退 5

双方大体均势。

图5-4

第二节　红方邀兑三兵

【例局1】黑方高横车

① 炮二平五　　马 8 进 7

② 马二进三　　车 9 平 8

③ 车一平二　　卒 7 进 1

④ 车二进六　　马 2 进 3

⑤ 马八进七　　卒 3 进 1

⑥ 车九进一　　炮 2 进 1

⑦ 车二退二　　象 3 进 5

⑧ 兵三进一

红方兑三兵准备攻击黑方左马，这是这一布局体系中比较流行的一种走法。

⑧ ……　　卒 7 进 1

黑卒吃兵应兑，准备跃马与红方相抗衡，属于开放型走法。

⑨ 车二平三　马7进6　　　⑩ 车九平四　炮2进1

黑方进炮保马，准备炮8平6攻击红方肋车。

⑪ 车四平二

红方先平车捉马，逼黑方升炮保马，以后再平车牵制黑方左翼车炮，好棋。

⑪ ……　　车1进1

黑方起横车，准备策应左翼无根车炮，细腻。

⑫ 兵七进一　卒3进1　　　⑬ 车三平七　车8进1

黑方高车形成霸王车，消除局面弱点。至此，红方主要有三种应法：炮五平四、车七平四、车二平四。

1. 炮五平四

⑭ 炮五平四

红方平炮准备调整，稳健中不失灵活。黑方主要有马3进4、炮8平7两种选择。

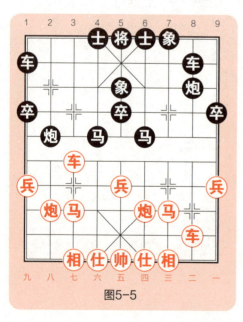

图5-5

（1）马3进4

⑭ ……　　马3进4（图5-5）

黑方进马防住红方马三进四的先手，积极。

⑮ 马三进四　车8平3

⑯ 车七进四　车1平3

⑰ 马四进六　车3进6

⑱ 相三进五

红方保持变化的选择，车二进六，车3平2，相三进五，车2退1，双方均势。

⑱ ……　　车3退3

⑲ 马六进五　象7进5

⑳ 车二进六

至此，形成红方多相，黑方车马炮子力配置较好的两分局势。总体来看，红方易走。

（2）炮8平7

⑭……　炮8平7（图5-6）

黑方平炮是弃子抢攻的选择。

⑮ 车二进七　炮7进7

⑯ 帅五进一

红方上帅正着，如果补仕，则车1平8以后，红方右翼受攻，很难抵抗。

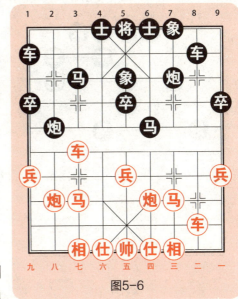

图5-6

⑯……　车1平8

⑱ 炮四退一　车8平7

双方攻守复杂，胜负难料。

⑰ 车七进三　车8进7

⑲ 马三进四　炮7平8

2. 车七平四

⑭ 车七平四

以下黑方有两种保马的方法：象5进3、车1平6。

（1）象5进3

⑭……　象5进3（图5-7）

黑方飞象保马，稳健。

⑮ 炮五平四　炮8平6

黑方兑子简化局面，稳健。

⑯ 车二进七　车1平8

⑰ 车四平七　炮6进5

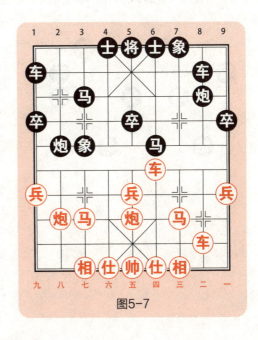

图5-7

图5-8

⑱ 炮八平四　象7进5

双方大体均势。

（2）车1平6

⑭ ……　车1平6（图5-8）

⑮ 兵五进一

红方冲中兵准备跳盘头马，必走之着。

⑮ ……　士4进5

⑯ 马七进五　炮8平6

⑰ 车二进七　炮6进3

⑱ 车二退五

红方退车是保持变化的选择。

如改走车二平四，则炮6退4，双方进入无车局的较量，和味较浓。

⑱ ……　炮6进2

⑲ 炮八退一　马6进5

⑳ 车二平五　车6平7

至此，局面较为平淡，和棋的机会很多，这路变化也成为近年战略和棋的大套路，读者要熟记。

3. 车二平四

⑭ 车二平四（图5-9）

车1平6

⑮ 车四进三

红方进车顶马保持变化，如改走马三进二，马6进7，车四进七，车8平6，炮五平三，马7退6，仕六进五，马6进8，车七平二，炮8平9，大体均势。

⑮ ……　炮2退4

图5-9

⑯ 炮八进四　炮8平7　　⑰ 相三进一　炮2平3

⑱ 炮八平七　炮3进3　　⑲ 车七进二

红方稍好。

【例局2】四兵相见

① 炮二平五　马8进7　　② 马二进三　车9平8

③ 车一平二　卒7进1　　④ 车二进六　马2进3

⑤ 马八进七　卒3进1　　⑥ 车九进一　炮2进1

⑦ 车二退二　象3进5　　⑧ 兵三进一　炮2进1

黑方升炮护卒是侧重防守的下法。

⑨ 兵七进一

红方再兑七兵，形成典型的"四兵相见"变例。这是力争先手的有力手段。

⑨ ……　　炮8进2

黑方再进左炮巡河，加强防守，双方形成短兵相接之势。此时双方巡河线就成进攻和防守的焦点。红方续走退左炮（炮八退一）和冲中兵（兵五进一）都是为了争夺这一焦点的主动权的续进手段。

⑩ 车九平六

红方平车占肋，控制要道。

⑩ ……　　士4进5

以下红方有两种攻法：炮八退一、兵五进一。

1. 炮八退一

⑪ 炮八退一

红方退炮，准备续走炮八平七，威胁黑方3路线。

图5-10

⑪……　卒7进1

黑方兑7卒，策划弃子反击的战术。

⑫车二平三　卒3进1

黑方过卒弃马，力争主动，局面复杂多变。以下红方可以选择两种走法：车三进三、车三平七。

（1）车三进三

⑬车三进三　（图5-10）

红方吃马接受挑战。

⑬……　炮2平3　　　　⑭车三退三

红方如改走马七退九，炮3进5，仕六进五，车1平2，黑优。

⑭……　炮3进3　　　　⑮车六进一

红方进车兑炮是保留变化的选择。如改走车三平七，炮3平7，车七进三，炮8平7，相三进一，车8进6，红方右翼将承受很大的压力。

⑮……　炮3平5

黑方如改走卒3进1，车三平二，红车牵制住黑方左翼车炮，红方易走。

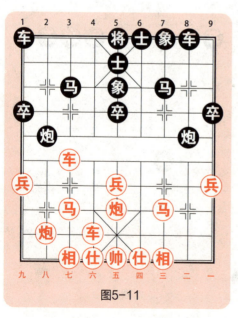

图5-11

⑯相七进五

红方稍好。

（2）车三平七

⑬车三平七　（图5-11）

红方吃卒是稳健的选择。

⑬……　炮2平3

⑭马七进八　炮8平7

黑方在平炮攻相的同时亮出左车，好棋。

⑮马三进二　车8进4

⑯车六进三

红方进车加强防御能力，正

确,至此,红方稍好。

2. 兵五进一

⑪ 兵五进一 (图 5-12)

红方冲中兵,准备从中路突破。

⑪ ……　　车 1 平 3

黑方出象位车是比较含蓄的走法。

⑫ 马七进五　　马 3 进 4

⑬ 炮八平七

图 5-12

红方平炮加强七路线的攻击力,伏有车六平八的先手。

⑬ ……　　马 4 进 5　　⑭ 马三进五　　马 7 进 6

⑮ 兵三进一　　马 6 进 5

黑方也可选择象 5 进 7 吃兵消除隐患。

⑯ 车六进二　　车 3 平 4　　⑰ 车六平五　　象 5 进 7

⑱ 车五平八　　卒 3 进 1　　⑲ 炮五进四

这是红方保持先手的关键。如改走车八进二,炮 8 平 2,车二进六,车 4 进 7,炮七退一,炮 2 进 5,红方得子受攻,黑方易走。

⑲ ……　　象 7 退 5　　⑳ 仕四进五

红方稍好。

第六章　五七炮对屏风马

五七炮对屏风马布局先手方的特点是各子联系紧密，阵形工稳，左右两翼均衡发展，攻守兼备；后手方的特点是以逸待劳，伺机反击。此布局20世纪50年代初期即流行于棋坛，自20世纪末以来，棋手们通过大量的实践与理论探讨，使这一布局的各类攻防战术逐步完善，成为技战术最丰富的布局套路之一。本章共分两节，第一节用3局的内容介绍五七炮进三兵对屏风马的攻防技巧；第二节用3局的内容介绍五七炮不挺兵对屏风马进7卒的攻防技巧。

第一节　五七炮进三兵对屏风马

【例局1】黑方兑边卒

① 炮二平五　马8进7
② 马二进三　车9平8
③ 车一平二　马2进3
④ 兵三进一　卒3进1

黑方此时挺卒必然，否则红方再挺七兵，黑方双马受制，后续子力不易展开。此时黑方挺3卒与旧式的屏风马先挺3卒是不同的，因为红方已经先进三兵，右车过河就缓了一步，而且不一定再冲中兵（如兵五进一，马3进4,马八进七,炮2平5,黑方易走），两者的攻防规律已经发生很大变化。

⑤ 马八进九　卒1进1

黑方挺卒制马，并能伺机通过兑卒实现大出车的计划，占据骑河线。

⑥ 炮八平七　马3进2

在红方五七炮的威胁下，黑方跳马封车也是必走之着。这样红方的战略意图初步实现，即迫使黑方跳外马封车以后，中路呈现薄弱之势，红方以后可以选择起左横车协同作战，稳扎稳打，攻击黑方的左翼和中路。黑方将利用右翼子力活跃的特点，根据棋手风格不同，或采用进攻以求得局势相对均衡，或坚守待变，采用防守反击的策略与红方周旋。

⑦ 车九进一　卒1进1

黑方兑卒贯彻大出车的思路，着法连贯。

⑧ 兵九进一　车1进5

黑方大出车，抢占骑河一线，是主要的反击手段。以下红方有两种攻法：车二进四、车九平四。

1. 车二进四

⑨ 车二进四

红车巡河保兵，稳健。

⑨ …… 象7进5

这是一步很关键的选择，因为黑方升起右车，这样如果再走象3进5，当右车移动后，右翼防守空虚，防守压力很大。

⑩ 车九平四

红方平车过肋是富于变化的选择。当前局面下黑方有两种选择：车1平4、士6进5。

（1）车1平4

⑩ …… 车1平4（图6-1） ⑪ 车四进三

红方进车邀兑，争先之着。

⑪ …… 车4进1

黑方进车捉兵正着，准备续走马2进3，力求打开胶着的局势，这是平肋车的后续手段。如改走车4进2，则炮五平四，伏相三进五打车的手段，红方大优。

⑫ 仕四进五 马2进3 ⑬ 马九进八 车4退3

⑭ 车二进二

红方进车占据卒林线，准备通过攻击黑方左马来争取主动。

⑭ …… 炮8平9

黑方平炮兑车，简化局面。

⑮ 车二平三

红方平车吃卒压马是继定的战术安排，如改走车二进三，马7退8，局势相对平稳。

⑮ …… 车8进6

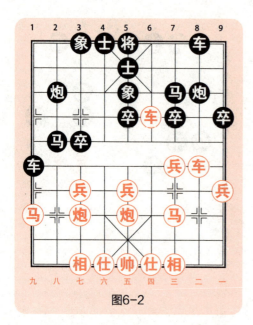

图6-2

黑车进军兵线，战法积极，双方互缠，大体均势。

（2）士6进5

⑩……　士6进5

补士稳固阵形。至此，红方有两种变化：车四进五、炮七退一。

・车四进五

⑪车四进五 （图6-2）

红方挥车过河，寻求变化。

⑪……　马2进1

黑方进马捉炮，正着。

⑫炮七退一　炮2进3

黑方进炮打车是谋求对攻的手段。

⑬车二退一

红方退车守护兵线，稳健。

⑬……　炮2进2　⑭车四退二　卒3进1

⑮炮五退一　卒3平4　⑯炮五平三

红方通过退炮、平炮实现遥控黑方7路线的目的。至此，双方变化复杂，局面一时不易简化，各有千秋。

・炮七退一

⑪炮七退一 （图6-3）

红方退炮的特点是不等黑方马2进1而先退炮，以后可以利用下二路宽阔的通路，左炮右移。肋车也不必过河定型过早，以静待动。

⑪……　炮8平9

黑方平炮兑车是力求稳健的应法。

⑫车二进五　马7退8　⑬兵七进一

红方弃兵意在对黑方3路线施加压力。

⑬……　车1平3

黑方平车吃兵，保持车路通畅。

⑭ 炮五进四　炮2平3

⑮ 炮五退二

红方主动。

2. 车九平四

⑨ 车九平四　车1平7

图6-3

黑方平车吃兵是对攻之着。黑方如想保持平稳，可以选择车1平4，车四进三，车4进1，仕四进五，象7进5，车二进四，士4进5，炮五平六，炮8进2，双方对峙，各有千秋。

⑩ 马三进四　炮8进1

以往黑方多走象7进5，马四进五，马7进5，炮五进四，士6进5，车四进四，马2退3，相三进五，车7进1，车四平五，炮2退2，车五退一，炮8进4，炮五平七，红方易走。本变中黑方炮8进1抬炮，既兼护中卒，又可防止红方右车进占卒林要道，构思独特。

⑪ 仕六进五　象7进5　　⑫ 马四进五　士4进5

黑方如改走炮8平5，则炮五进四，士4进5，车二进九，马7退8，炮五平一，红方主动。

⑬ 马五进三　炮2平7　　⑭ 相三进一　炮8进3

⑮ 车四进五

红方进车占据卒林线，准备向左侧转移捉马，着法积极。

⑮ ……　马2退3

黑方退马防守，稳健之着。也可走车7进1，红方如兵五进一，则马2进3，红方子力散乱，黑方易走；又如红方改走车四平八，则车7平5，车八退一，炮8平7，黑方弃子夺势。

⑯ 炮七平八

红方稍好。

【例局2】黑方飞右象

① 炮二平五　马8进7　　② 兵三进一　卒3进1
③ 马二进三　马2进3　　④ 车一平二　车9平8
⑤ 马八进九　卒1进1　　⑥ 炮八平七　马3进2
⑦ 车九进一　象3进5

黑方飞右象属于"柔性防御",其意图是暂时不打开局面,下一手升车卒林,在防守中寻求反击的机会。红方有两种攻法:车二进六、马三进四。

1. 车二进六

⑧ 车二进六

红方右车过河压制黑方左翼子力,次序正确。如先走车九平六,则马2进1,炮七退一,炮8进4,黑方易走。

图6-4

⑧ ……　车1进3

黑方进卒林车,待机通过炮8平9兑车来消除左翼的压力,这是黑方飞象变例的要点之一。

⑨ 车九平六　炮8平9

红方有两种攻法:车二进三、车二平三。

(1) 车二进三

⑩ 车二进三　(图6-4)

红方兑车,稳健,局势趋向平淡。

⑩ ……　马7退8

⑪ 马三进四　马8进7　　　⑫ 马四进三　士4进5

黑方补士固防，必走之着。如误走炮9进4，则马三进五，象7进5，车六进六，黑方阵势空虚，红方有突袭战术。

⑬ 马三进一

红方用马换炮及时，是保持先手的关键。防止黑方炮9进4或炮9退1反扑，稳健的攻法。

⑬……　象7进9　　　⑭ 炮七退一　马2进1

⑮ 车六进四

红方抢到骑河车的位置，控制黑方左马的通路，稍占优势。

（2）车二平三

⑩ 车二平三　（图6-5）

红方吃卒压马局面导致复杂，黑方反扑的机会大增。

⑩……　炮9退1

黑方退炮准备驱车是有针对性的选择，也是公认的官着。

⑪ 兵三进一　炮9平7　　　⑫ 车三平四　炮7进3

⑬ 马三进四　士6进5

黑方补士巩固中路，正着。

⑭ 车六进四　炮2进1

⑮ 车六进一　炮2平3

双方攻防复杂，黑方反弹力很强。

2. 马三进四

⑧ 马三进四

红方进马窥视黑方中卒，容易引起复杂的对攻局面。

⑧……　车1进3

以下红方有两种攻法：炮五平三、车九平六。

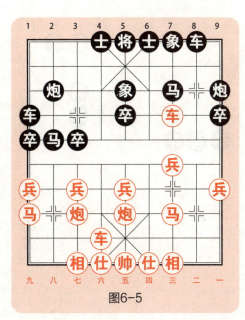

图6-5

（1）炮五平三

⑨ 炮五平三（图6-6）

红方平炮是近年兴起的着法，红方的意图是通过炮五平三再炮七平三的阵形调动，把原来在七路线上的左炮调到三路线上来，这样可以增强对黑方弱侧的打击，双方进入一种复杂的胶着局面，无论是红方还是黑方都不易简化局势，形成一种积极对抗的态势。

图6-6

⑨ …… 车1平4

⑩ 炮七平五 士4进5

⑪ 车九平四 炮8进3

这是黑方改进的着法，以往曾出现车4进2的下法。

⑫ 马四进三 炮8进1

⑬ 仕四进五 卒3进1

⑭ 车四进七 卒3进1

黑方正着，如改走炮2退1，车四退五，炮8进2，车四进二，马2进4，车四退四，红方先手。

⑮ 马三进五 炮2平3

⑯ 帅五平四 炮3进7

⑰ 帅四进一 士5进6

双方对攻。

（2）车九平六

⑨ 车九平六（图6-7）

马2进1

黑方进马踏炮刻不容缓。如改走士6进5，车二进三，炮8平

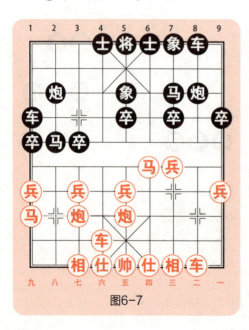

图6-7

9，车二平四，车8进4，马四进六，炮2退1，马六进四，红方抢先发难。

⑩ **车二进六**

红方先弃后取，正确的选择。如改走炮七退一，炮8进5，炮七平九，卒1进1，黑方满意。

⑩ …… 马1进3　　　　⑪ **马九进八**　车1平2

⑫ **马八退七**　士6进5

黑方补士稳健。也可以炮8平9兑车，以下车二平三，车8进9，马七退五，炮9退1，黑方易走。

⑬ **马四进六**

红方进马谋求攻势。

⑬ …… 卒5进1　　　　⑭ **兵七进一**　炮2平4

⑮ **车六平四**　炮8平9　　⑯ **车二进三**　马7退8

⑰ **兵五进一**

红方冲中兵好棋，准备在肋车的配合下从中路打开局面。如改走兵七进一，象5进3，炮五进三，象7进5，炮五退一，炮9平6，黑方严阵以待，双方对峙。布局至此，红方先手。

【例局3】黑方进边马

① **炮二平五**　马8进7　　② **马二进三**　车9平8

③ **车一平二**　马2进3　　④ **兵三进一**　卒3进1

⑤ **马八进九**　卒1进1　　⑥ **炮八平七**　马3进2

⑦ **车九进一**　马2进1

此时黑方马2进1意在打乱红方的阵形结构。这是一路进攻性较强的选择。以下红方有两种下法：炮七退一、炮七进三。

1. 炮七退一

⑧ **炮七退一**（图6-8）

红方退炮锋芒内敛，应法含蓄有力。

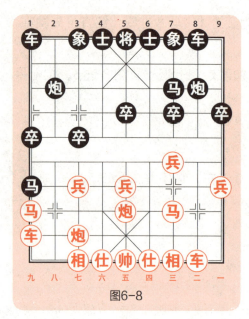

图6-8

⑧……　　车1进3

⑨车九平八

红车曲径通幽，花了两步棋才亮出来。看似有损步数，但是这手棋好处在于保持了车的灵活性。

⑨……　　炮2平4

黑方如改走炮2平3，则车二进六，象7进5，车八进六，炮3进1，炮七平二，红方先手。

⑩车八进二　卒1进1

⑪兵七进一

红方弃七兵是出车的后续手段，以下可以抢到车八平六这个要点。

⑪……　　卒1平2

⑫车八平六　马1退3

⑬车二进五　卒7进1

⑭车二退一

红方正确，如改走车二平三，象7进5，车三进一，士4进5，兵三进一，炮8进4，红方子力位置欠佳，黑方主动。

⑭……　　象7进9

⑮兵三进一　象9进7

⑯炮七进四　车1平3

⑰炮五平七　车3平2

双方变化复杂，黑方保留一个过河卒略好。

2. 炮七进三

⑧炮七进三（图6-9）

红方炮打3卒是先得实惠的选

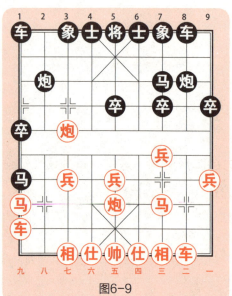

图6-9

择。这里红炮如何定位是这个布局的关键点。通常认为红方炮七平六会挡住车路，损失一步棋。因为红方在开始阶段可以直接走炮八平六选择五六炮的变化，现在再让红方调整到五六炮的阵形，多花一步，因此，在当前局面下红方多会选择炮七进三打卒。

⑧…… 卒1进1

黑方进边卒是稳步进取的下法，1路车先不定位，保留进车捉马的先手。这里也可以选择车1进3守住卒林线的下法，两者都是黑方较流行的着法。

⑨ 车九平六

红方平车是稳健的选择。

⑨…… 车1进4　　　⑩ 炮七进一　士6进5

⑪ 马三进四　车1平3　　　⑫ 炮七平九

红方如改走车六进五，象7进5，车二进六，炮8平9，车二进三，马7退8，炮七平五，红方主动。

⑫…… 车3平6　　　⑬ 马四进六　将5平6

黑方出将好棋，抢先一步剑指红方底仕，这样下的好处在于不给红方车二进一联车的机会，补仕以后红方右翼防守的压力将会增大。

⑭ 仕四进五　炮2平4　　　⑮ 炮五平四　炮4平6

黑方兑炮好棋，已经取得反先之势。

第二节　五七炮不挺兵对屏风马进7卒

【例局1】黑方进巡河炮

① 炮二平五　马8进7　　　② 马二进三　车9平8

③ 车一平二　马2进3　　　④ 马八进九　卒7进1

黑方抢进7卒，避开红方挺三兵的选择。

⑤ 炮八平七　车1平2　　　⑥ 车九平八　炮2进2

黑方升炮巡河，是出现最早并在实战中使用率最高的应着，意在借打车之威胁，扑出左马，构成一个防守中带有反击的弹性阵形。

⑦ 车二进六　马7进6

以上这段着法，实战中走子次序也会有改变，第五回合时，黑方也走可先走炮2进2，以下车二进六，马7进6，车九平八，车1平2，和实战殊途同归。

⑧ 车八进四　象3进5

双方布阵至此，红方双车发挥了极高的效率，双炮对黑方也造成了一定的威胁，不足之处是双马攻击力不足。黑方虽双车炮受牵，但阵形协调，左马雄踞河口富有弹性。此后双方将在沿河一线展开争斗。

⑨ 车二平四

黑方主要有两种攻法：马6进7、卒3进1。

1. 马6进7

⑨ ……　马6进7（图6-10）

⑩ 车四平二

红方先平车捉马，再平二路牵制黑方8路车炮，可使本方的三路马的马路开通。

⑩ ……　马7退6

黑方退马威胁红车，可以照应左翼无根车炮，正着。

⑪ 兵九进一

红方进边兵，开通马路，并使巡河车生根，正着。

图6-10

⑪ ……　卒 3 进 1

黑方冲 3 卒使河口马生根，并伏有卒 7 进 1 的争先手段。

⑫ **兵七进一**

红方兑七兵，威胁黑方右马，迅速挑起争斗。

⑫ ……　卒 7 进 1　　⑬ **车二平三**

红方平车捉卒是保持先手的关键。如改走车二平四，卒 3 进 1，车八平七，马 3 进 4，炮五进四，士 4 进 5，车四进二，卒 7 进 1，马三退五，马 6 进 5，黑优。

⑬ ……　马 6 进 4

黑方进马捉炮，演变成复杂激烈的对攻之势。

⑭ **炮七退一**

红方退炮是保持变化的选择。如改走炮七进一则较为平稳。

⑭ ……　卒 3 进 1　　⑮ **车八平七**　马 4 进 6

⑯ **车三退二**

退车吃卒，稳健，红方稍好。

2. 卒 3 进 1

⑨ ……　卒 3 进 1（图 6-11）

黑方进 3 卒，用巡河炮保马，这是 1997 年上海擂台赛上由象棋大师葛维蒲创新的变着。

⑩ **兵三进一**

红方正确，如改走车八平二，士 4 进 5，兵七进一，卒 7 进 1，车二平三，车 2 平 4，黑方先手。

⑩ ……　炮 8 平 7

黑方另有卒 7 进 1 的下法，以下车八平三，士 4 进 5，兵七进

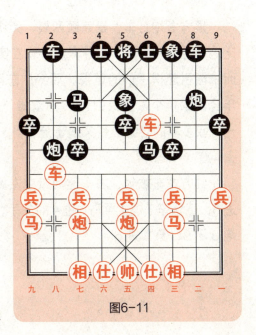

图 6-11

一，车2平4，兵七进一，马6进4，炮七进一，红方先手。

⑪ **兵三进一**　卒3进1

这步棋是黑方非常关键的选择。如改走炮7进5，炮七平三，马6进5，车四退三，马5退4，兵三进一，红方保留过河兵，且子力占位很好，明显占据优势。

⑫ **车八平七**

这是红方保持变化的下法，如改走兵七进一，马3进4，车八进一，车2进4，车四退一，红方一车换二，局势较为平稳。

⑫ ……　炮2平7　　　　⑬ **车四退一**　前炮进5

⑭ **帅五进一**　士4进5　　⑮ **炮七退一**　车2进8

到此，形成红方多子，黑方占势的两分局面，双方互有顾忌。

【例局2】黑方右炮封车

① **炮二平五**　马8进7　　② **马二进三**　车9平8

③ **车一平二**　马2进3　　④ **马八进九**　卒7进1

⑤ **炮八平七**　车1平2　　⑥ **车九平八**　炮2进4

黑方右炮封车，是兼顾两翼、柔中带刚的应法（它比炮8进4稳健，比炮2进2积极）。此种弈法早就在实战中出现过，但因效果不太理想，而未能引起棋手们的重视。后经广东队深入研究，加以改进后，在1999年全国象棋个人赛上由"岭南双雄'吕钦和许银川率先使用，从而使这一沉寂多年的老式应着又趋于流行。

⑦ **车二进四**

红方左车被封，右车巡河策应左翼，正着。如改走车二进六，则马7进6，下伏卒7进1再马6进4的先手，红方无趣。以下黑方有两种走法：炮8平9、象3进5。

1. 炮8平9

⑦ ……　炮8平9

黑方平炮兑车，摆脱红方右车的牵制，积极。

⑧ 车二平四　车8进1

黑方升车准备平至己方2路，左车右调，加强右翼的封锁。这是黑方保持局面弹性的关键。

⑨ 兵九进一　车8平2

以下红方有两种走法：车八进一、兵三进一。

（1）车八进一

⑩ 车八进一　（图6-12）

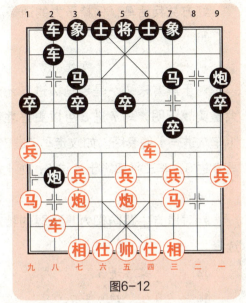

图6-12

前车进3

这是黑方稳健的选择。如改走炮2平5，车八平五，炮5退2，马三进五，前车进3，车五平二，红车得以脱身，仍持先手。

⑪ 车八平二　前车平6

⑫ 车四平六

红方避兑正确，如改走车六进一，马7进6，黑马跃到盘河这个攻守极佳的位置，红方不满意。

⑫ ……　车6进2

⑬ 车二进六　马7进6

⑭ 车六进四　士4进5

⑮ 兵七进一

布局至此，红方稍好。红方如改走车二平七，马6退5，打死车，黑优。

（2）兵三进一

⑩ 兵三进一　（图6-13）

图6-13

红方兑兵活马,保持子力的通畅。

⑩…… 卒7进1

⑪ 车四平三　马7进8

对于黑方来讲,是走马7进6还是走马7进8是一个艰难的选择。大量实战证明,马7进8可以更好地保持马的灵活性,避开红方高左车(车八进一)的套路。如改走马7进6,车八进一,象3进5,车八平四,马6进5,车三平四,士4进5,炮七平八,马5进7,前车进四,红优。

⑫ 兵五进一

针对黑方中路防御力量薄弱的特点,红方冲起中兵是很有针对性的选择。

⑫…… 象3进5　　　　⑬ 兵五进一　卒5进1

⑭ 车三进五　炮9平7　　⑮ 车三平二　马8进7

⑯ 车八进一

红方先手。

2. 象3进5

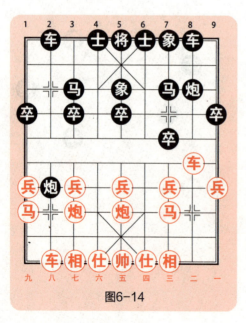

图6-14

⑦…… 象3进5(图6-14)

⑧ 兵九进一

红方冲兵意在"关炮",迫使黑炮定位,紧凑。

⑧…… 炮2退2

黑方退炮伏有马7进8打车的手段,与红方抗争。

⑨ 车八进四

红方进车巡河,不怕黑方马7进8打车的手段。

⑨…… 马7进8

⑩ 车二平七

红方平车捉卒，诱黑方挺卒捉车，为以后兵七进一创造条件。

⑩ …… 卒3进1　　　　　　⑪ 车七平四　马8进7

⑫ 兵七进一

这样红方争得一个先手。

⑫ …… 炮8进3

黑方进炮牵制红方车兵，正着。如直接走卒3进1直接兑卒则容易受到攻击。

⑬ 车八退一　炮8平3　　　⑭ 仕六进五

红方补仕是保持变化的走法。如改走炮七进三，则局势相对平稳。

⑭ …… 炮3进4

黑炮打相，着法积极。

⑮ 车四退一　马7退6　　　⑯ 车四进一

红方先手。

【例局3】黑方左炮封车

① 炮二平五　马8进7　　　② 马二进三　车9平8

③ 车一平二　马2进3　　　④ 马八进九　卒7进1

⑤ 炮八平七　车1平2　　　⑥ 车九平八　炮8进4

黑方左炮封车，禁控红方右翼子力，是力争主动的下法。这一尖锐的选择使双方的右翼都将承受巨大的压力，往往演变成各攻一翼、互相制约的复杂对攻局面。以下红方主要有三种攻法：车八进六、车八进四、兵七进一。

1. 车八进六

⑦ 车八进六　（图6-15）

红方左车过河，限制黑方右翼车炮的活动范围，紧凑的走法。

⑦ …… 炮2平1

黑方平炮兑车，缓解右翼压力，势在必行之着。如改走象3进5，车八平七，马3退5，车七平八，红方优势。

⑧ 车八平七　车2进2
⑨ 车七退二

红方退车巡河准备兑三兵活通右马。

⑨ ……　马3进2

黑方跃马准备弃象进行反击，是针锋相对的走法。

⑩ 车七平八　马2退4

黑方退马邀兑，弃象争先，这是此变化的构思精华，同时亦刻不

图6-15

容缓！如缓走象3进5，则炮七平八，炮8退2，兵三进一，红优。

⑪ 兵九进一

红方进边兵是当前局面下常用的战术，看似红方把兑子的权利交给对方，其实红方也取得一个兑车后马九进八抢先的权利。

⑪ ……　象7进5

由于红方放弃了激烈的变化，故黑方也飞象弥补底线弱点，形成步调缓慢的阵地战。值得注意的是，同样补象，如改走象3进5，则车二进一，车2进3，马九进八，马4进2，炮七平八，马2进4，车二平六，马4进6（如改走马4进5，则相三进五，士6进5，马八进六，黑方亦难下），马八进七，炮1平2，马七进六，红方攻势强烈，黑方飞右象容易导致右翼空虚。相比之下，飞左象较为坚实，因此成为实战中黑方的主流应着。

⑫ 车八进三　马4退2　　⑬ 车二进一

红方高车解除黑方车炮的封锁。

⑬ ……　士6进5　　　　⑭ 车二平八　马2进3
⑮ 车八进三

红方进车好棋，伏有兑兵活马的先手。至此，红方占得先机。

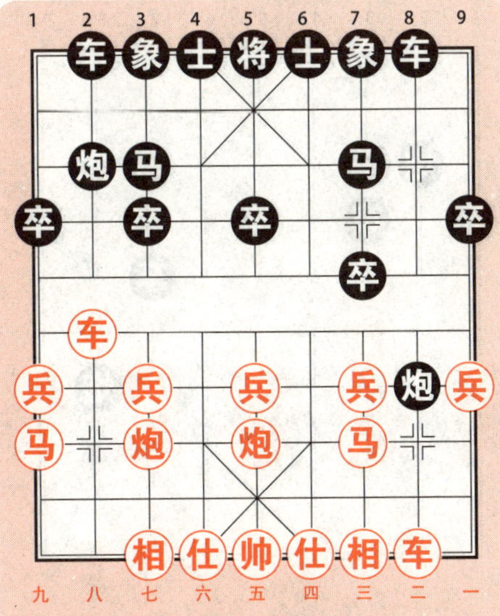

2. 车八进四

⑦ 车八进四（图6-16）

炮2平1

⑧ 兵九进一　卒3进1

黑方进卒着法有力，如改走车2进5，马九进八，卒3进1，炮七进三，象7进5，炮七进一，红方主动。

⑨ 炮七进三

红方正确，如改走兵七进一，车2进5，马九进八，黑方正好有卒3进1换马的手段，黑方显然更为满意。此处，红方也不好走车八平六避兑，让出八路线。如改走车八平六，象3进5，兵三进一，卒7进1，车六平三，马3进4，黑方子力开扬，而红车走动过于频繁，影响出子速度，黑方易走。

⑨……　象3进5

⑩ 炮七进一　士4进5

黑方补士含蓄，这样黑方阵形工整，没有明显的弱点。

⑪ 炮五平七　车2平4

黑方避兑，保持变化。如改走车2进5，马九进八，炮8退2，局势较为平稳。

⑫ 兵三进一　卒7进1　⑬ 车八平三　马7进6

⑭ 车三平八

红方平车策应左翼，正确的选择，布局至此，双方对抢先手，红方稍好。

图6-16

3. 兵七进一

⑦ 兵七进一 （图6-17）

红方冲七兵对黑方3路线施加压力，这路变化在实战中出现得并不多，但每次出现都会引出一番"恶战"，是一路对攻性非常强的变例。

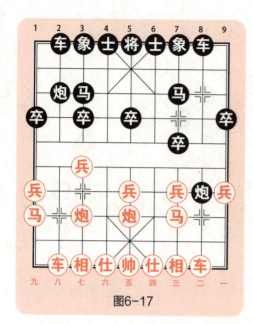

图6-17

⑦……　炮2进4

黑方放弃3路线，双炮过河，全面封压，大战一触即发。

⑧ 兵七进一

红方继续冲兵，保持局面的复杂。如选择补仕，无论红方补哪个仕，黑炮都可走出相应的牵制着法，红方易落后手。

⑧……　炮8平5

黑方平炮叫将是上一手右炮过河的战术依据。

⑨ 马三进五　车8进9

⑩ 兵七平八

红方弃兵引离黑方底车，让黑车处于无根状态。如改走兵七进一，士4进5，炮七进五，车8平7，马五进六，车7退3，红方左翼子力被封，黑方易走。

⑩……　车2进4　　⑪ 马五退三　炮2平5

⑫ 马三进五　车2进5　　⑬ 马九退八

红方一车换双，但是局势仍没有缓和的迹象，正因如此，这路变化更为攻杀型棋手所喜爱。

⑬……　士6进5　　⑭ 炮七进五　车8平7

黑方弃子后有攻势，双方攻守复杂。

第七章　中炮对反宫马

反宫马又称为"夹炮屏风",其布局特点黑方是利用士角炮串打的威胁,阻止红方左马正起,待自己8路马盘河以后,又可依托士角炮的配合,盘踞河口要点。反宫马布局自20世纪50年代初具规模以后,经以胡荣华特级大师为代表的上海棋手的发掘和研究,形成了一个庞大的布局体系,从而开辟出"炮马争雄"的第二战场。本章共分两节,第一节用2局内容介绍五六炮对反宫马的攻防变化;第二节用2局内容介绍五七炮对反宫马的攻防变化。

第一节　五六炮对反宫马

【例局1】红方进正马

① 炮二平五　马2进3　　② 马二进三　炮8平6
③ 车一平二　马8进7　　④ 炮八平六

至此，双方形成五六炮对反宫马的基本阵形。这路布局的特点是：红方两翼兵力均衡发展，持小先手进入中局阶段；而黑方虽然布局稍落后手，但防守坚固，可以与红方抗衡。从大量的对局资料来看，双方极易形成细棋，胜负往往取决于双方的中残局功力。

红方先平士角炮，这与马八进九以后再平士角炮是有所区别的，先平士角炮以后可以马八进七跳正马，加强中心区域的对抗，这也是新式五六炮与旧式五六炮（先跳马）的区别所在。

④……　车1平2　　⑤ 马八进七　炮2平1

黑方平炮亮车，对红方左翼进行牵制，这是黑方最常见的走法。

⑥ 兵七进一

红方冲七兵是非常正确的选择，如果仍要走兵三进一，黑方可以选择卒3进1静观其变。这样红方先手效率不易发挥，试演一下：兵三进一，卒3进1，以下红方有三种应法：一是车二进六，则车9平8，车二平三，炮6退1，黑方颇具反弹力；二是车九进一，则车2进5！黑方也取得均势的局面；三是车九平八，车2进9，马七退八，象3进5，黑方仍可取得均势局面。

⑥……　卒7进1　　⑦ 马七进六　士4进5

黑方上右士，预先为右马留出退路。这一着棋将产生很多攻防变化。以下红方主要有两种攻法：车二进六、车九进二。

1. 车二进六

⑧ 车二进六 （图7-1）

图7-1

红方右车过河，准备与河口马配合发动攻势。

⑧……　车9平8

黑方兑车正着。

⑨ 车二平三

红方平车压马保留复杂变化，先行方一般都愿这样选择。如改走车二进三兑车，则马7退8，马六进五，马3进5，炮五进四，象3进5，黑方满意。

⑨……　炮6退1　　⑩ 马六进七　车2进3

⑪ 兵七进一　炮6平7　　⑫ 车三平四　炮1退1

⑬ 车九进二

红方高左车是保持先手的关键。这里红方如改走马七退五则是一步似先实后的选择，以下黑方可以车2进2腾挪，红方将落入下风。

⑬……　象7进5　　⑭ 车九平八　车2进4

⑮ 炮五平八　象5进3

黑方飞兵是稳健的选择，如果黑方要刻意挑起争斗，则可以选择卒7进1，双方变化较为复杂。就当前的局面来看，黑方完全可以抗衡。

2. 车九进二

⑧ 车九进二　车9平8　　⑨ 车二进九　马7退8

以下红方有两种攻法：车九平七、炮六平七。

（1）车九平七

⑩ 车九平七（图7-2） 马8进7

⑪ 车七进一

红方守住兵线，正着。

⑪ ……　车2进4

⑫ 马六进七　象7进5

⑬ 炮六平七

红方平七路炮，加强七路线的攻势，这是红方保持先手的关键。

⑬ ……　炮6进1

⑭ 兵七进一　象5进3

⑯ 兵五进一

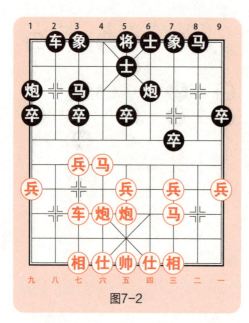

图7-2

⑮ 马七进九　象3进1

红方先手。

（2）炮六平七

⑩ 炮六平七（图7-3）　车2进4

黑方如改走象7进5，则车九平八，车2进7，炮五平八，炮1进4，炮七进四，马8进7，双方进行马炮局的缠斗，局势较为平稳。

⑪ 马六进七

红方如改走炮七进四，象7进5，马三退五，马8进7，马五进七、炮6进5，车九退一，炮6平3，马六退七，马3退2，车九平六，炮1平4，黑方可抗衡。

⑪ ……　象7进5

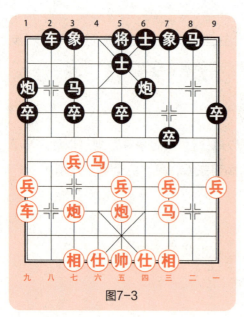

图7-3

⑫ 炮五退一

红方退炮含蓄有力，这是保持先手的关键。如改走车九平八，车2进3，炮五平八，炮1进4，相三进五，炮1退1，炮八退一，马8进7，黑方满意。

⑫ ……　　马8进7

黑方如车2进4，兵五进一，炮1退1，兵五进一，卒5进1，马七退五，红方先手。

⑬ 炮五平七　车2退1　　⑭ 马七退六　马3退1

⑮ 兵七进一

红方先手。

【例局2】红方跳边马

① 炮二平五　马2进3　　② 马二进三　炮8平6

③ 车一平二　马8进7　　④ 兵三进一　卒3进1

⑤ 马八进九

红方先跳马，保持八路炮的灵活性，既可选择炮八平六，也可选择炮八平七，这是一种战略性很强的下法。

⑤ ……　　象7进5

黑方选择象7进5，准备开动左车，如果选择象3进5则要开动右车，这一点初学者一定要注意。黑方飞左象的战术构思是：9路车暂时不动，以加强左翼的防守，伺机伸展右翼子力，对红方左路进行封锁反击。

⑥ 炮八平六　车1平2

⑦ 车九平八　炮2进4

图7-4

黑方进炮封车，应着积极有力。同时这也是黑方左象的预定战术。以下红方有两种攻法：车二进六、马九退七。

1. 车二进六

⑧ 车二进六 （图7-4） 车9平8

黑方兑车这手棋俗称"兑窝车"。红车已经走了车一平二，车二进六两步棋，而黑方车9平8邀兑以后，红方再走车二进三花费了三步棋兑掉黑方走了一步棋的车，虽然马7退8也损失了一步，但是黑方至少便宜了一步棋，这样的思维方式在布局阶段经常运用。

⑨ 车二平三

红方如选择兑车，双方较为平稳，先手方一般不愿这样行棋，所以避兑是非常常见的走法。

⑨ …… 炮6进4　　　　⑩ 车三平四

这是红方保持先手的关键。如改走车三进一，炮6平7，车三平四，炮7进3，仕四进五，炮7平9，黑方弃子有攻势。

⑩ …… 炮6平7　　　　⑪ 相三进一　士6进5

⑫ 车四退三

红方退车是一步抢先的要着，如改走仕六进五，车8平6，兑车以后黑方易走。实战中红方退车捉炮以后，迫使黑方平炮，这样车炮在一条直线上，削弱了黑方在右翼的攻势。

⑫ …… 炮7平8

黑方平炮保持纠缠，如改走马7进8，兵三进一！象5进7，马九退七，炮2进2（误走炮2平5，炮五进四，红方大优），炮六平七，下步有兵七进一的先手，红方易走。

⑬ 兵九进一　马3进4　　　　⑭ 仕六进五

红方先手。

2. 马九退七

⑧ **马九退七** （图7-5）

炮2退1

黑方退炮是恰到好处的一着棋。黑方另有三种选择都不理想：一是炮2退2，则车八进四，黑方阵形比较委屈；二是炮2进2压车，则马三进四，士6进5，马四进五，马3进5，炮五进四，黑方右翼车被牵，红方先手；三是炮2平5，炮五进四，士6进5，车八进九，马3退2，马三进五，红方多子。因此，炮2退1是正确的走法。

图7-5

⑨ **兵九进一**

红方进边兵准备升车跃马驱炮，解除左翼受阻的局面。

⑨ …… 士6进5　　⑩ **车八进三** 卒9进1

黑方挺边卒准备大出车。

⑪ **炮六平七**

红方平炮，继续保持对黑方3路线的压力。

⑪ …… 卒9进1　　⑫ **马七进九** 炮2退1

⑬ **车八进一**

红方弃边兵后抢占巡河车，是一步大局观很强的棋。如改走兵一进一，车9进5，红方巡河线受制，黑方满意。

⑬ …… 卒9进1　　⑭ **马三进四** 车9进4

双方对峙。

第二节　五七炮对反宫马

【例局1】红方弃双兵

① 炮二平五　马2进3　　② 马二进三　炮8平6
③ 车一平二　马8进7　　④ 兵三进一　卒3进1
⑤ 马八进九　象7进5　　⑥ 炮八平七　车1平2
⑦ 车九平八　炮2进4

黑方进炮封车是飞象后的有力着法，如改走士6进5，车八进四，下一步兵七进一兑卒，黑马立即受到威胁。

⑧ 兵七进一

红方弃兵解除黑炮对红方左车的封锁，着法强硬，意在挑起激烈的战斗。

⑧……　卒3进1　　⑨ 兵三进一

红方再弃一兵，形成激烈的弃双兵局。这路变化的战术构思是：红方通过连弃双兵以后，再升右车巡河，捉死对方过河卒，并向反宫马阵地发起进攻；但黑方阵形工整，且已经取得多双卒之利，可以与红方抗衡。

⑨……　卒7进1

黑方进7卒吃兵，正着。如改走车9平8，则兵三进一，车8进9，马三退二，马7退8，车八进一，以后红方左车右移，可取得局面的主动权。

⑩ 车二进四

红方右车巡河，迅速占据巡河线，这也是红方弃兵后的后续手段，也是这一战术的依据。以下黑方有两种攻法：炮2平3、卒3平2。

1. 炮2平3

⑩ …… 炮2平3

黑方平炮兑车意图得相弃中卒，形成对攻的形势。以下红方有两种走法：车八进九、车八平九。

（1）车八进九

⑪ 车八进九 （图7-6）

炮3进3

⑫ 仕六进五　马3退2

⑬ 炮五进四

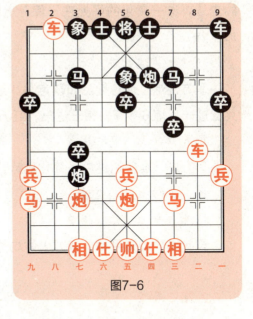

图7-6

炮打中卒是红方保持先手的关键。如改走炮七平六，则卒3进1，马九进七，马2进3，马三进四，车9平8，车二进五，马7退8，这样黑方得相且7路卒位置不错，已呈反先之势。

⑬ …… 士6进5

⑭ 炮五退一

红方退炮保持中路攻势，双方对攻激烈。

⑭ …… 马2进3

⑮ 车二平四

红方平车捉炮，逼黑方出贴身车保炮，可使黑将暂无出路，正确。至此，对攻中红方易走。

（2）车八平九

⑪ 车八平九 （图7-7）

红方平车避兑，这是一路稳健

图7-7

的走法。这一变化的好处在于保存七路底相,并继续对黑方的3路线施加压力。

⑪ ……　炮6进4

黑方进炮过河稳健。如改走马3进4抢攻,则车二平七,炮6进4,兵五进一,炮6平7,相三进一,红方易走。

⑫ 车二平七　马3进4　　　⑬ 车七平六　马4进2

黑方进马准备通过兑子简化局势,是稳健的走法。

⑭ 马九进七　马2进3　　　⑮ 车九进二　炮6平3

⑯ 车九平七　炮3退2

至此局势较为平稳,双方大体均势。

2. 卒3平2

⑩ ……　卒3平2(图7-8)

黑方平卒保炮,是稳健的走法。

⑪ 兵九进一　炮6进4

黑方进炮,与右炮相呼应,稳健。

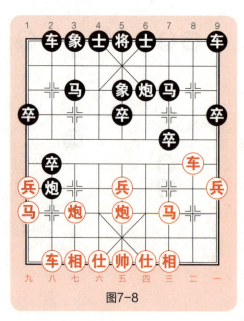

图7-8

⑫ 车二平八

这是红方保持先手的关键。如误走马九进八,炮6平7,相三进一,车9进1,车二平七(如改走马八进七,则炮2平3),马3进4,兵五进一,炮2平5,仕六进五,车9平2,黑方反先。

⑫ ……　车2进5

⑬ 马九进八　炮6平7

黑方平炮压马,保持对抗之势。

⑭ 马八进七

红方弃相进马压马，把局势引向复杂，这是红方既定的战略方针。

⑭…… 炮7进3 ⑮仕四进五 炮2平3

至此，双方变化复杂，对攻中黑车出动较晚，红方稍好。

【例局2】红方冲中兵

① 炮二平五 马2进3   ② 马二进三 炮8平6
③ 车一平二 马8进7   ④ 兵三进一 卒3进1
⑤ 马八进九 象3进5

黑方飞右象也是黑方较为常见的应着。

⑥ 炮八平七 车1平2   ⑦ 车九平八 车9进1

黑方起左横车是飞右象的后续选择。如改走炮2进4，兵七进一，卒3进1，兵三进一，卒7进1，车二进四，红方先手。

⑧ 车八进四

红车巡河占据要津，正确。

⑧ …… 车9平4   ⑨ 仕四进五 士4进5

⑩ 兵九进一

红方活通边马，再伺机出击。

⑩ …… 炮2平1

以下红方有两种攻击手段：车八进五、车八平五。

1. 车八进五

⑪ 车八进五（图7-9）

马3退2

⑫ 车二进六

这是红方保持先手的关键。如改走炮五进四打中卒，则炮6进7，帅五平四，马7进5，车二进

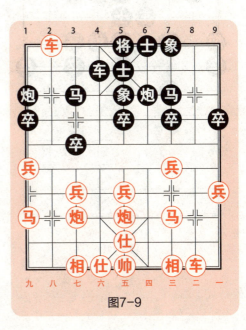

图7-9

六，车4进4，车二平三，马2进3，红方无趣。

⑫…… 车4进4

黑方进车控制对方的巡河线，正确。如改走炮6进4，车二退三，炮6退2，车二平四，炮6平8，车四进一，红车调整至位置更好的肋线，黑方明显被利用。

⑬ 车二平三　炮6退1　　⑭ 车三平四　炮6平7

⑮ 马三进四

红方稍好。

2. 车八平五

⑪ 车八平五（图7-10）车4进3 ⑫ 车二进六

此时，黑方阵形中7路马是一个明显的弱点，红方右车过河简洁明快。

⑫…… 卒7进1

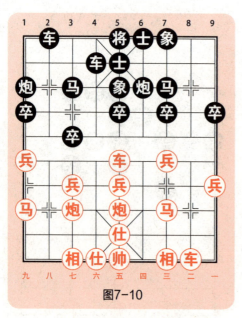

图7-10

⑬ 车二平三　马7退8

⑭ 车三平一

红方顺势谋卒积蓄物质力量。如改走兵三进一，马8进9，车三平一，车6平3，红方虽然也吃掉边卒，但是黑车的位置明显改善，以后可以掩护边马前进，红方略亏。

⑭…… 卒7进1

⑮ 车五平三

红方子力灵活，稍好。

第八章　炮类的其他布局

　　本章讲解的内容是先手过宫炮和中炮对三步虎布局的攻防变化，这类布局在比赛中虽然使用频率不高，却也偶有出现，仍属棋手要掌握的布局体系。本章分为两节，第一节用2局的内容介绍过宫炮布局的攻防变化；第二节用2局内容介绍中炮进三兵对三步虎的攻防变化。

第一节 过宫炮布局

【例局1】过宫炮对左中炮

① 炮二平六　炮8平5

黑方以左中炮应过宫炮是近年非常流行的下法。双方的战术构思是红方双炮集中一侧，由侧翼展开进攻，黑方则寓守于攻从中路还击。红方可采取补仕相出贴身车、巡河车、过河车和先上左正马等多种攻法；黑方则可以直车巡河与横车过宫等手段抗衡。

② 马二进三　马8进7　　③ 车一平二

以下黑方有两种攻法：马2进3、车9进1。

1. 马2进3

③ ……　马2进3（图8-1）

黑方先跳正马，保留右车的机动性，灵活。

④ 马八进七　卒3进1

在过宫炮阵形中，红方七路马是一个弱形，如果不能及时处理好这一弱点，将影响到子力的出动，形成子力拥塞的愚形。所以黑方挺3卒是一步很有针对性的下法。

⑤ 仕六进五

红方补仕稳健。这手棋消除了

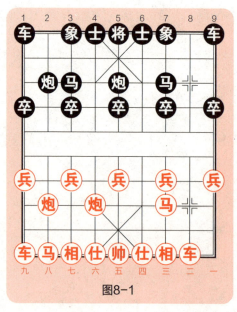

图8-1

两个弱点：一是给士角炮生根，二是为七路马预先留出空间。这里红方还有一种攻法：车二进五，以下卒 5 进 1，炮六平五，马 3 进 5，车九进一，车 9 进 1，车九平六，车 1 进 1，双方对峙。

⑤…… 卒 7 进 1

黑方挺起两头蛇，制约红方双马，符合棋理。

⑥ 炮八平九

红方平炮准备快速把左车投入到主战场中去，是积极寻求进攻的选择。如走相七进五则局势较为平稳。

⑥…… 马 3 进 2　　　⑦ 车二进四　车 9 平 8

黑方兑车，好棋。如改走马 2 进 3，车九平八，炮 2 平 3，炮九退一，红方先手。

⑧ 车二平六

红方避兑保持变化。

⑧…… 马 2 进 3　　　⑨ 车九平八

红方正着，如改走炮六进七，象 3 进 1，炮六退一，车 8 进 7，黑方先手。

⑨…… 车 1 进 2

黑方进车保炮正确。这里另有两种下法都不理想：一是车 1 平 2，车八进三捉死 3 路马；二是炮 2 平 3，炮六进七！由于红方双车都已经开出，这手炮打底士是成立的，红方易走。

⑩ 车八进六　马 3 进 1

黑方交换简明。

⑪ 相七进九　士 6 进 5　　　⑫ 兵三进一　车 8 进 4

双方大体均势。

2. 车 9 进 1

③…… 车 9 进 1　　　④ 马八进七　车 9 平 4

黑方平肋车是既定的战术方针。

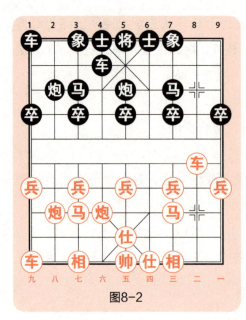

图8-2

⑤ **仕六进五**　马2进3

以下红方有车二进四和兵七进一两种走法。

（1）车二进四

⑥ **车二进四**（图8-2）

红方升巡河车也是考虑到红方双马的位置，准备及时策应。

⑥ ……　卒5进1

⑦ **兵七进一**　车4进5

这是黑方很关键的选择。如改走卒5进1，则兵五进一，马3进5，炮六平五，车4进5，炮八进四，红方主动。

⑧ **炮六平四**

红方平炮调整阵形，很重要的手段。

⑧ ……　马3进5　　⑨ **相七进五**　车1进1

黑方起横车，加快大子出动的速度，把右车投入到战场中去，局面顿显紧张。

⑩ **炮八进四**　车1平6　　⑪ **车二平六**

由于红方右翼阵形厚实，暂无后顾之忧。所以红方通过兑车来缓解左翼的压力，以后双方或可形成各攻一翼之势。

⑪ ……　车4退1　　⑫ **马七进六**　卒3进1

黑方兑卒正确。如改走卒5进1，马六进五，卒5进1，车九进二，士6进5，车九平六，红方先手。

⑬ **马六进五**　马7进5　　⑭ **车九平六**

红方稍好。

（2）兵七进一

⑥ **兵七进一**（图8-3）　卒5进1

黑方挺卒活马，正确的选择。如改走车4进5，炮六平四，炮2进2，炮四进一，车4退2，车二进四，以后红方可以走相七进五保持阵形的工整，红方易走。

⑦ 炮八进四

红方进炮伺机破坏黑方双马连环的战术，局势导向激烈的变化。

⑦ …… 卒5进1

黑方再冲中卒是近年十分流行的变化，此外黑方如欲保持平稳的局面，也可选择炮5进1。

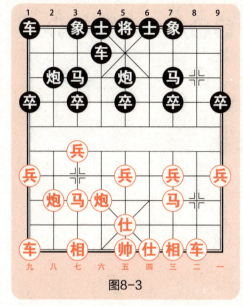

图8-3

⑧ 炮六平五

面对黑方中路突破的战术，红方还架中炮力争主动。

⑧ …… 卒5平4

⑨ 车二进六　卒4平3

黑方平卒直接威胁红方七路马，让红方表态，紧着。

⑩ 车二平三　前卒进1　　⑪ 车三平七

这手棋是红方保持先行之利的关键，如改走马七退六，车4进1，兵五进一，车1进1，黑方易走。

⑪ …… 卒3进1　　⑫ 车七进一　炮2平1

⑬ 车七退五

红方主动。

【例局2】过宫炮对起马

① 炮二平六　马8进7　　② 马二进三　车9平8

以下红方有兵三进一和车一平二两种攻法。

1. 兵三进一

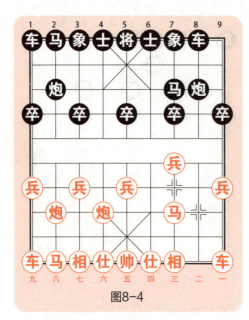

图8-4

③ 兵三进一（图8-4）　炮8平9

黑方平炮亮车形成三步虎阵形，节奏明快。

④ 马八进七

红方左马正起加快大子出动，着法紧凑有力。

④ ……　卒3进1

⑤ 炮八进四　象7进5

⑥ 炮八平三

红方平炮打卒压马一个主要的战术目的是为了快速地开出左车。

⑥ ……　炮2平3

黑方抢先之着，如改走马2进3，则车九平八，车1平2，红方以下有车八进四或车八进六两种选择，都为红优。

⑦ 相七进五　马2进1　⑧ 车九平八

红方如果选择兵九进一在局部上是赚得一个先手，但从全局来看，兵九进一这手棋要落后手，还是应快速出动大子。象棋布局非常注重整体和局面的关系，读者可悉心体会。

⑧ ……　卒1进1

黑方亦可走车1进1，车八进七（如车八进四，黑方则车1平4，仕六进五，车4进3，局势平稳），车1平4，仕六进五，车4进5，黑方满意。

⑨ 车一进一　车8进4　⑩ 车一平四　卒3进1

黑方弃卒佳着，不但可以困住红方七路马，而且还为边马跃出创造有利的条件。这是黑方非常关键的选择。

⑪ 相五进七　马1进2　⑫ 车四进三　卒1进1

黑方挺卒兑兵，让边车迅速投入战斗。

⑬ 兵九进一　车1进5

布局至此，黑方足可满意。

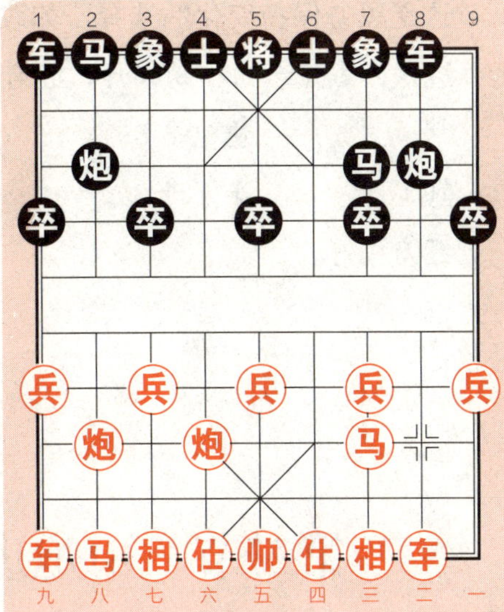

2. 车一平二

③ 车一平二 （图8-5）

炮8进4

黑方左炮封车力争主动，这是最常用的一种变着。

④ 兵三进一　炮8平7

黑方平炮压马兑车，威胁红方底相，紧凑。

⑤ 兵七进一

红方进七兵形成两头蛇阵形，这是对以往红方相七进五或相三进五的改进。

图8-5

⑤ ……　炮2平5

黑方还架中炮，这是容易导向复杂局面的一种选择。

⑥ 马八进七

红方活通左马，正着。如改走相七进五，车8进9，马三退二，马2进3，马二进三，车1平2，黑方出子速度明显快于红方，黑方易走。

⑥ ……　车1进1

黑方也可以选择车8进9兑车，以后可以取得炮5进4先手，双方大体均势。

⑦ 车九平八　车8进9

黑方这里行棋非常有层次感，起横车以后再兑车，可以保持对局面的控制。

⑧ 马三退二　车1平4

这是黑方保持变化的选择。如改走炮5进4，马二进一，炮7平6，炮八进六，黑方子力不易展开，红方先手。

⑨ 马二进一　炮7平8　　　　⑩ 仕六进五　马2进3

⑪ 炮六平三　车4进3　　　　⑫ 相七进五

红方稍好。

第二节　中炮进三兵对三步虎

【例局1】黑方飞右象

① 炮二平五　马8进7　　　　② 马二进三　车9平8

③ 兵三进一　炮8平9

黑方以三步虎应对中炮局是对攻性极强的布局战术，黑方通过三步棋——跳马、平炮、出车，使左翼子力快速部署完毕，形成与红方激烈对抗的局面。

④ 马八进七

红方左马正起，稳健有力。这里红方如果选择车一进一，那么无论以后红方走车一平四或者车一平六，红方右翼都将承受很大的防守压力，所以红方最好的选择就是这手马八进七。

④ ……　卒3进1

黑方挺卒制马兼通马路，是柔中带刚的下法。

⑤ 炮八进四

红方进炮过河，可伺机平七压马或者平三打卒。这手棋还有一个作用就是无论是压马还是打卒都可以高效开出左车。

⑤…… 马2进3

⑥炮八平七　车1平2

⑦车九平八　象3进5

以下红方有车八进六和车八进四两种攻法。

图8-6

1. 车八进六

⑧车八进六（图8-6）

车8进4

黑方进车巡河准备活通左马。

⑨炮七平三

红方平炮打卒必然，否则黑方左马活通以后，红方左翼车炮失去了战术目标，位置尴尬。

⑨…… 炮2平1　　⑩车八平七　车2进2

⑪车一进二

这又是红方一步关键的选择。同样要兑车，如改走车一平二，车8进5，马三退二，红方要损失一步棋。现在高车以后，红方可以选择车一平二兑车，车8进3，炮五平八，红方不仅没有因为兑车而损失步数，而且中炮调整到二路，更有利于协调阵形。

⑪…… 炮1退2　　⑫车一平二　车8进3

⑬炮五平二　炮1平3　　⑭车七平六　车2退1

黑方退车好棋，这样既可以车2平8，又可以护住象眼。至此双方均势。

2. 车八进四

⑧车八进四（图8-7）　车8进4

图8-7

黑方进巡河车正确。如改走炮2平1，车八进五，马3退2，车一进一，黑方右翼薄弱，易受到攻击，红优。

⑨ 炮七平三

红方平炮保持复杂多变，如改走车一平二，兑车则双方平稳。

⑨ ……　　炮2平1

⑩ 车八进五　　马3退2

⑪ 车一进一

这里红方就不宜再走车一进二了，黑方可以选择炮9平8封锁8路线，红车开动起来反倒较为困难了。

⑪ ……　　马2进3

⑫ 车一平八　　马3进4

⑬ 车八进三

红方守住巡河线，稳健。如改走炮三平九，车8进2，车八进六，马7退5，车八退一，马5进3，黑方阵形工整，红方也不好突破。

⑬ ……　　马4进3

⑭ 炮三平九　　车8平4

⑮ 仕六进五

红方多兵稍好。

【例局2】黑方飞左象

① 炮二平五　　马8进7　　② 马二进三　　车9平8

③ 兵三进一　　炮8平9　　④ 马八进七　　卒3进1

⑤ 炮八进四　　马2进3　　⑥ 炮八平七　　象7进5

⑦ 车九平八　　车1平2　　⑧ 马三进四

由于黑方飞左象，这样红方炮八平三以后对黑方底线构不成威胁，因此，红方选择马三进四，准备马四进三伏有马三进一踏炮的先手。至此，黑方有炮2进2和车8进4两种应法。

1. 炮2进2

⑧……　炮2进2（图8-8）

⑨车八进四　卒7进1

兑卒是黑方升河炮的后续手段。

⑩兵七进一　卒3进1

这是黑方保持局面均衡的关键。如改走卒7进1，兵七进一，卒7平6，兵七平八，卒6进1，兵八进一，红方先手。

⑪车八平七　卒7进1

⑬车七平三

红方稍好。

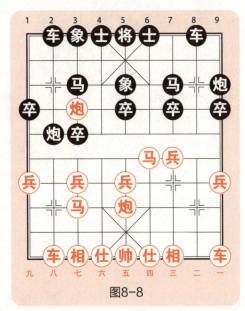

图8-8

⑫马四进三　炮9退1

2. 车8进4

⑧……　车8进4（图8-9）

⑨兵三进一

红方弃兵好棋，通过弃兵解决了红方右车的出路。

⑨……　车8平7

⑩车一平二　车7平6

⑪马四进二　象5退7

黑方如改走马7退8，马二进一，马8进9，车二进七，马3退5，车二平一，炮2平9，车八进

图8-9

九，红方得子大优。

⑫ 马二进一　象7进9　　　　⑬ 炮七进三　士4进5

⑭ 车二进七

红方先手。

第九章　柔性布局

柔性布局是指非炮类布局，即飞相局、仙人指路局和起马局。这类布局同炮类布局的硬打硬冲不同，讲究柔功，变化灵活，先手方稳步进取，积小胜为大胜，故称为柔性布局。本章分为三节，第一节用3局内容讲解飞相局的攻防技巧；第二节用2局内容讲解仙人指路对卒底炮和对兵局的攻防技巧；第三节用1局内容介绍起马局的攻防技巧。

第一节 飞相局

【例局1】飞相对左（右）炮

① 相三进五　炮8平5

黑方以左中炮应对飞相局，是20世纪70年代发展起来的布局体系。双方的战术思路是：黑方通过架中炮，以快打慢，利用中炮的反击和威胁牵制相方，争取主动。对付中炮时，先手方主要是布局屏风马、反宫马等阵势与之抗衡，双方攻防复杂。

② 马二进三　马8进7　　　③ 车一平二　车9平8

④ 马八进七

红方选择跳左正马，形成屏风马阵势。

④……　马2进1

黑方也可选择车8进6，形成屈头屏风马对中炮过河车的布局，但是由于双方的兵没有挺起来，红方可以通过平炮兑车赢得先机，所以这一种变化近年很少出现。实战中黑方右马屯边，活通两翼子力，均衡出动子力。至此，红方有两种攻法：兵七进一、兵三进一。分述如下。

1. 兵七进一

⑤ 兵七进一　（图9-1）

红方如改走炮二进四，则卒7进1，兵七进一，炮2平4，这样黑方形成54炮阵势。黑方4路炮对红方八路炮形成牵制，一旦红方八路炮离线，黑方有炮4进5打马的手段，黑方满意。布局至此，双方大体均势。现在红方进七兵活通左马，是机动灵活的走法。

⑤…… 车8进4

⑥炮二平一

红方平炮兑车，正着。如改走炮二进二，则卒3进1，兵七进一，车8平3，马七进六，炮2平4，红方失先。

⑥…… 车8进5

⑦马三退二 车1进1

⑧车九进一

红方高车是保持先手的关键，如改走马二进三，则卒7进1，炮八平九，卒3进1，兵七进一，车1平3，黑方易走。

⑧…… 车1平8

⑩车九平六 士6进5

这里红方也可走兵三进一。

⑪…… 卒1进1

双方大体均势。

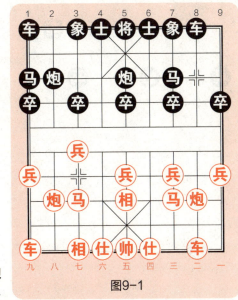

图9-1

⑨马二进四 车8进3

⑪车六进三

⑫车六平四 炮2平4

2. 兵三进一

⑤兵三进一 炮2平4

黑方形成54炮的阵势，稳健。如改走车8进4，炮八进二，炮2平3，马三进二，车8平2，车九平八，卒3进1，炮二平三，红方阵形均衡，左右两翼都有进攻的目标，占据主动。

⑥车九平八

红方出左直车迅速开动主力，正着。如改走炮二进四，虽然在右翼封住黑方左车，但是在左翼，黑方可接走车1平2，车九平八，车2进6，黑车抢先杀入红阵，黑方满意。

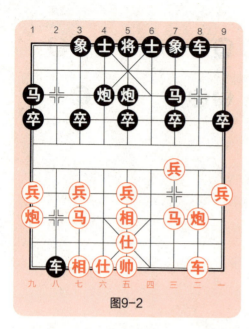

图9-2

⑥……　车1平2

⑦仕四进五

红方补仕巩固中防，静观其变。这是相方布局阶段的官着。

⑦……　车2进4

黑方巡河车灵活多变，攻守两利。

⑧炮八平九

以下黑方有车2进5和车2平6两种应着。

（1）车2进5

⑧……　车2进5（图9-2）

黑方兑车简化局势。

⑨马七退八　车8进4　　⑩炮二平一　车8平2

黑方平车捉马避兑，这是寻求变化的选择。

⑪马八进七　卒1进1

黑方挺卒活通边马，待机而动。

⑫车二平四　炮4平3

黑方平炮先瞄住红方七路线，伺机打兵谋求子力优势。

⑬兵七进一　卒3进1　　⑭兵七进一　车2平3

⑮马七进六　卒7进1　　⑯兵三进一　车3平7

双方大体均势。

（2）车2平6

⑧……　车2平6（图9-3）

黑方平车避兑占左肋，牵制红方右炮。

⑨车八进四　车8进6　　⑩兵九进一

红方挺边兵限制黑马出路，正确。如改走兵七进一，卒1进1，黑方活通边马，黑方满意。

⑩ …… 卒1进1

⑪ 炮九进三　车8平7

⑫ 马三退四　车7平8

⑬ 车八平六　炮4平3

⑭ 车二进一

红方高车好棋，局势豁然开朗，布局至此，红方先手。

【例局2】飞相对左过宫炮

① 相三进五　炮8平4

黑方以左炮过宫迎战飞相局，是从20世纪70年代以来流行的一种对抗着法。它的基本战略思路是寓攻于守，伺机反击，并常常以过宫炮在直行线上牵制、攻击或破坏相方的阵形，干扰各子的联络。这类布局双方在布局阶段展开阵地战，彼此行兵布阵，抢占要津，然后待时机成熟时再进行决战，深为功力型棋手所喜爱。

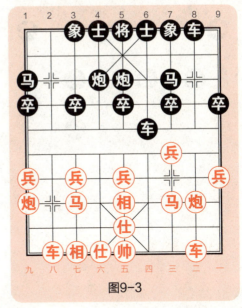

图9-3

② 马二进三　马8进7　　③ 车一平二

红方进右正马，迅速出动右车，含有对黑方左翼封锁的味道。黑方主要有卒7进1和车9平8两种走法。

1. 卒7进1

③ …… 卒7进1（图9-4）

黑方挺7卒，以逸待劳，可形成灵活多变的阵形。

④ 兵七进一

红方挺七兵为左马开路，力求两翼子力均衡开动。这里红方如果先走炮二进四则有定位过早之嫌。试演一例：炮二进四，马2进1，马八进七，炮2平3，车九平八，车1平2，炮八进四，象7进5，黑方先出动右翼子力，暂时不考虑左车定位的问题，这样红方炮二进四这手棋的效率不高。

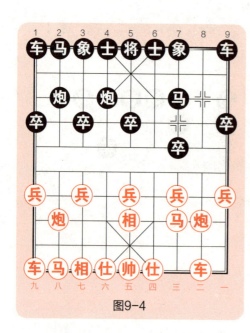

图9-4

④…… 象3进5

黑方飞右象加强内线防御,稳中待变。

⑤马八进七　车9进1

⑥炮八平九

红方针对黑方右翼子力出动缓慢的特点,平边炮准备迅速亮出左车。

⑥…… 马2进1

⑦车九平八　车1平2

⑧炮二进六

红方进炮拦车是非常积极的应法。如改走炮二进四,车9平6,黑车平肋,局面将变成黑方有利。

⑧…… 炮2进5

黑方如改走炮2进6,则车二进一,炮2退1,炮九进四,红方先手。

⑨兵九进一　炮4进5

黑方这是炮2进5的后续手段,意在打乱红方左翼阵形,这是黑方取得均势局面的关键。

⑩马三退一　卒3进1　⑪兵七进一　象5进3

双方大体均势。

2. 车9平8

③…… 车9平8(图9-5)

黑方出车,不怕红方实施进炮封车的计划,着法强硬。

④炮二进四　卒7进1　⑤兵七进一

红方进七兵开通马路是保持变化的选择,如改走炮二平三压马兑车,局面较为平稳。

⑤……　马2进1

⑥马八进七　炮2平3

⑦车九平八

红方出车明快，准备再对黑方右翼实施封锁，取得空间上的优势。

⑦……　车1平2

⑧炮八进四　卒3进1

黑方冲卒对抢先手。

⑨马七进六　卒3进1

⑩相五进七　象7进5

黑方飞左象正确，如改走象

图9-5

3进5，相七退五，士4进5，炮二平三，车8进9，马三退二，车2进2，马六进四，黑方右翼不稳，特别是黑方1路边马的位置尴尬，红方易走。

⑪相七退五　车2进2　　　　⑫兵九进一　炮3退1

⑬车八进三

红方进车生根，好棋。至此红方取得满意的阵形，红方稍好。

【例局3】飞相对士角炮

① 相三进五　炮8平6

黑方以左士角炮应付飞相局，是20世纪70年代末期发展起来的布局。由于士角炮富有弹性，可以转换不同阵势，被认为是较理想的布局之一。

② 马二进三　卒7进1　　　　③ 兵七进一　马8进7

④ 马八进七

红方进左正马，形成屏风马进七兵的布局阵式。如改走车一平二，象3进5，马八进七，车9进1，炮八平九（如改走炮二平一，马7进6，炮八平九，炮2平3，车二进四，车9平2，双方对峙），车9平4，车九平八，炮2平3，炮二平一，卒3进1，车二进四，卒3进1，车二平七，炮3进5，车七退二，马2进3，双方均势。

④……　　车9平8　　　　　⑤ 车一平二　马2进3

⑥ 马七进六　车8进6

黑方如改走炮2退1，炮二进四，象7进5，车九进一，炮2平6，车九平二，车1平2，炮八平六，卒3进1，兵七进一，象5进3，炮二进一，红方先手。

至此，红方有三种着法：炮二退一、炮八平七和车九进一。

1. 炮二退一

⑦ 炮二退一 （图9-6）

红方退炮伏向左侧转移，灵活之着。

⑦……　　象3进5　　　　　⑧ 炮八平六　士4进5

⑨ 车九平八　炮2平1　　　　⑩ 炮二平九　车8进3

⑪ 马三退二　炮1进4　　　　⑫ 车八进三　炮1退2

⑬ 马六进七　车1平4

⑭ 仕四进五　炮1平6

⑮ 兵五进一　前炮退1

⑯ 马七进九　后炮退1

红方主动。

2. 炮八平七

⑦ 炮八平七 （图9-7）

象3进5

⑧ 车九平八　炮2平1

⑨ 炮二平一

红方如改走炮二退一，伏往左

侧转移之着,作用同"1.炮二退一"。以下士4进5,马六进七,马7进6,炮二平七,车8进3,马三退二,炮1进4,马二进三,车1平4,仕四进五,车4进8,马七进五,双方互缠。

⑨…… 车8进3
⑩ 马三退二　士4进5
⑪ 车八进三

图9-7

红方如改走马六进七,炮1进4,车八进三,炮1进2,马二进三,车1平2,车八进六,马3退2,兵三进一,卒7进1,相五进三,红先。

⑪…… 车1平2　　⑫ 车八进六　马3退2
⑬ 炮一平三　马7进8　⑭ 马二进四　马2进4
⑮ 炮三平一　炮1进4　⑯ 炮一进四　炮1退1
⑰ 马六进七　马4进3
⑱ 炮七进四　马8进9

黑方稍先。

3. 车九进一

⑦ 车九进一　(图9-8)
象3进5

黑方飞右象,稳健之着。如改走车1进1(如改走士4进5,炮二平一,车8进3,马三退二,象3进5,炮八平六,红先),炮八平六,炮2进3,车九平四,士4

图9-8

进5，马六进七，车1平4，仕四进五，炮2进1，车四进三，红方较优。

⑧ 车九平四

红方横车捉炮，正着。如改走炮二平一，车8进3，马三退二，士4进5，炮八平六，车1平2，车九平三，马7进8，马六进四，炮6平8，黑方不难走。

⑧ …… 士4进5 　　⑨ 炮八平六 炮2进3

⑩ 马六进七 车1平4 　　⑪ 仕四进五 炮2进1

⑫ 车四进三 车4进6

双方对峙。

第二节　仙人指路布局

【例局1】仙人指路对卒底炮

① 兵七进一 炮2平3

黑方以卒底炮对抗仙人指路，是近年非常流行的布局阵势。

② 炮二平五

黑方走卒底炮以后，已不能用屏风马进行防御，因此红方选择架中炮，意在先发制人。

② …… 象3进5

黑方以飞象应对红方的中炮，表面看来黑方中卒失守，实则不然。黑方上象以后阵形工稳，充分保证了卒底炮的威力，阵形含蓄多变。

③ 马二进三

红方右马正起，抢亮右车，是力争先手的要着。

③…… 卒3进1

黑方冲卒形成短兵相接之势，实现卒底炮的战术意图。

④ 车一平二　卒3进1　　⑤ 马八进九　车9进1

黑方起横车，快速出动主力，强化右翼和中心，使局面更具弹性。以下红方有三种主要攻法：车九平八、仕六进五、炮五进四。

1. 车九平八

⑥ 车九平八 （图9-9）

红方左右直车迅速出动主力，是对老式的马2进4跳拐角马的改进。

⑥…… 车9平4　　　　⑦ 仕六进五

红方补仕巩固阵地，是一种含蓄的应着。另外红方也可以选择炮五进四，变化相对激烈。

⑦…… 车4进4

黑方放弃中卒，骑河车护住过河卒，有诱敌深入的意味。

⑧ 炮八平六

红方平士角炮中炮缓攻，机动灵活。

⑧…… 士4进5

⑨ 车八进八　马8进9

⑩ 炮五进四

红方正着，如改走车二进五似图加强左翼攻势，则卒7进1，炮五进四，炮8平7，以后黑方可通过炮7退1再马2进4从容反先，而红方的骑河车位置欠佳，无功而返。

⑩…… 卒9进1

黑方既保存实力，又活通边马。

⑪ 相三进五

图9-9

同样飞相，如果选择相七进五，则左马脱根，容易受制，因此，这步多走相三进五。

⑪……　炮8平7　　　⑫ 炮五退二　车4退1

以后黑方可以通过炮7退1驱走红车，双方大体均势。

2. 仕六进五

⑥ 仕六进五

红方补仕缓出车，以静制动的下法。

⑥……　车9平4

以下红方有炮五进四和车九平八两种攻法。

（1）炮五进四

⑦ 炮五进四 （图9-10）

红方炮打中卒一是谋得实惠，二是要闪出宫城线便于子力的调动和阵形的调整。

⑦……　士4进5　　　⑧ 炮五平一　马8进9

⑨ 炮八平四　车4进4　　⑩ 车九平八　马2进4

　　　　　　　　　　⑪ 相七进五　炮8平7

黑方平卒底炮正确，如改走车1平2兑车，则车八进九，马4退2，兵三进一，马2进4，炮一退二，车4进1，车二进三，红方先手。

⑫ 兵三进一　卒7进1

⑬ 炮一退二　车4退2

⑭ 马三进二　炮7平8

⑮ 炮四平二

双方大体均势。

（2）车九平八

⑦ 车九平八 （图9-11）

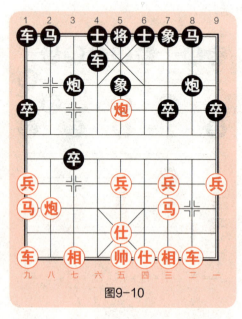

图9-10

车 4 进 4

黑方进车骑河，力争主动的着法。另有车 4 进 2 的下法，意在策应右翼，双方将形成阵地战。

⑧ 炮八平六　士 4 进 5

黑方补士稳健。如改走马 2 进 1，则炮五进四，士 4 进 5，炮五平一，马 8 进 9，兵三进一，车 4 平 7，相七进五，车 7 平 4，炮一退二，红方多兵稍好。

⑨ 车八进八

图 9-11

红方进车压马，限制黑方右翼子力展开。也可走炮五进四，马 8 进 9，车二进五，马 2 进 4，炮五退二，卒 9 进 1，车二平四，红方先手。

⑨ ……　马 8 进 9

黑方右翼受制，必然要活通左翼子力。

⑩ 炮五进四　卒 9 进 1　　⑪ 相三进五　卒 1 进 1

⑫ 兵五进一　车 4 退 4　　⑬ 车八退二　车 4 进 3

黑方稳健，如改走车 4 进 5，兵五进一，卒 3 进 1，马三进五，卒 3 进 1，炮六退二，红方出子速度较快，进攻中处于领先之势。

⑭ 炮五退一　车 4 平 3

双方对峙，红方稍好。

3. 炮五进四

⑥ 炮五进四　（图 9-12）

红方炮打中卒，阻止黑车过宫。这手棋的好处在于既破坏了黑车过宫的计划，又赚得一个中卒的物质优势；不足之处在于布局阶段红方大子出动速度放缓。

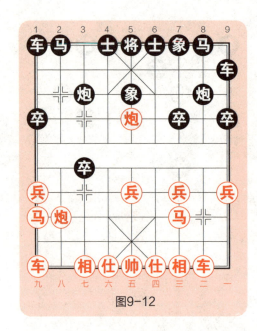

图9-12

⑥…… 士4进5

⑦ 兵五进一

红方冲中兵准备支援红炮,这是近年兴起的新变化。

⑦…… 马2进4

⑧ 兵五进一 车9平6

黑方出子速度明显优于红方,但是红方通炮、中炮、中兵,强化前沿阵地,继续保持对黑方中路的压力,双方各有所得。

⑨ 马三进五 车6进4

⑩ 炮八平五

红方平中炮加强对黑方中路的压力,这是红方保持优势的关键。如改走相七进五,马4进5,兵五进一,车1平4,马五进七,车4进6,黑方子力占位很好,攻击力极强,红方布局失败。

⑩…… 马4进3

⑪ 车九平八 卒3平2

⑫ 前炮平一 马3进5

⑬ 兵九进一

红方冲边兵冷静选择。如改走炮五进三,车6平5,黑方先弃后取,并且控制中路,黑方易走。

⑬…… 马5进4

⑭ 炮一进三 炮3平2

⑮ 仕四进五

红方补仕是非常凶悍的下法。

⑮…… 车1平3

⑯ 马五进六

红方先手。

【例局2】对兵局

① 兵七进一 卒7进1

以下红方有炮二平三和马八进七两种走法。

1. 炮二平三

② 炮二平三 （图9-13）

红方兵底炮是针对黑方挺7卒最强硬的战术之一。

② …… 炮8平5

黑方还架中炮是强硬的选择，双方容易导向对攻局面。

③ 兵三进一

红方冲三兵有意演变成最激烈的弃空头炮局面。

图9-13

③ …… 炮5进4

④ 马八进七

红方先进马踩炮，试其应手。

④ …… 炮5退2

黑方正确，如改走炮5退1，炮八进二，炮2平5，炮八平五，炮5进3，马二进一，红方的出子速度明显快于黑方，红方优势。

⑤ 兵三进一　马8进7

黑方弃马好棋。

⑥ 马七进六

红方冷静的一着棋，这也是红方保持先行之利的关键。如改走炮三进五，则炮2进4，兵三平四，炮5进1，帅五进一，车1进2，炮三退六，车9平8，黑方弃子有攻势，黑方易走。

⑥ …… 炮2进4　　　⑦ 马六退四

红方退马是化解黑方反扑之势的有力手段。

⑦ …… 炮5进2　　　⑧ 炮三进五　炮2平6

⑨ 车九平八　车1进2

黑方进车加快大子出动速度，这也是黑方既定的方针。

⑩ 炮八进五　炮6退1

黑方正确的次序，如改走炮5退1，炮八退三，炮5平2，车八进四，红方可化解黑方的攻势。

⑪ 炮八退三　车1平2　　　⑫ 车八进三　炮6平2
⑬ 车八平五　车2平7

这样黑方从容得回失子，黑方占优。

2. 马八进七

② 马八进七　马8进7

双方挺七兵，都跳左正马，形成一个对称型局面，双方着法俱正，又是试探对方动向的手段。

以下红方有炮八平九和马二进三两种选择。

（1）炮八平九

③ 炮八平九 （图9-14）

红方平炮意在迅速出左车攻击黑方尚未展开子力的右翼，着法明快。

③…… 　马2进3

黑方跳屏风马，严阵以待。

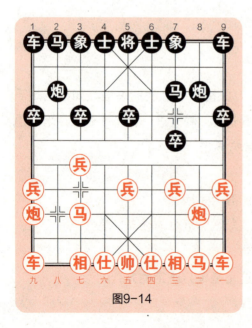

图9-14

④ 车九平八　车1平2
⑤ 炮二进四　马7进8
⑥ 马二进一

红方跳边马护兵是近期出现的流行变化，以往多走马二进三和炮二平七。

⑥……　　象3进5
⑦ 炮二平七　卒9进1

黑方细腻，不给红炮再次扫卒的机会。

⑧ 车八进五　炮2平1

黑方兑车稳健。如改走车1进

1则局面相对复杂，双方攻守复杂。

⑨车八进四　马3退2　　⑩车一进一　车9进1

双方不约而同都起横车，针锋相对。

⑪车一平八　车9平3

此时，黑方不能退让改走它着。

⑫马七进六　马2进4　　⑬车八进五　马4进3

⑭车八平七　车3进2　　⑮马六进七　炮1进4

双方大体均势。

（2）马二进三

③马二进三　（图9-15）　马2进3

④炮二进四

红方升炮对方卒林线，有炮二平七打卒和炮二平三压马的手段。

④……　马7进6

黑方左马盘河，下步要挺7路卒捉炮，是积极的应法。

⑤炮二平七

红方平炮打卒，必走之着，否则卒7进1，红炮受攻。

⑤……　象3进5

⑥车一平二　炮8平7

⑦车九进一　士4进5

⑧车九平六

红方如改走车九平四捉马，则马6进7，黑方左翼坚固，红方四路车无好点可占。

⑧……　马6进7

⑨车六进四

红方进车骑河，既可阻止黑方7路马回归，又可掩护七路兵过河。

⑨……　车9进1

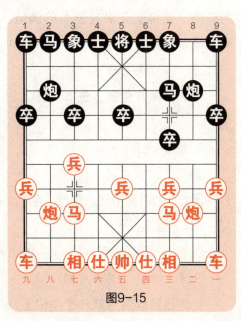

图9-15

⑩ 车二进七　车 9 平 7

黑方平车保炮，下一步可走炮 7 平 6 露车头，保 7 路卒过河。

⑪ 兵七进一　炮 7 平 6　　　　⑫ 马七进六　卒 7 进 1

双方对攻，红方先手。

第三节　起马局

【例局】起马对挺卒

① 马八进七　卒 3 进 1　　　　② 兵三进一

红方挺三兵，开通右马的通路，防止双马受制，容易演变成对兵局的阵势，这种变化讲究子力的调运、出子速度和子力占位，是目前进马局中最为流行的变例。

②……　马 2 进 3　　　　　　③ 马二进三

至此，黑方有象 3 进 5 和炮 8 进 4 两种主要选择。

1. 象 3 进 5

③……　象 3 进 5

黑方飞象巩固中防，稳健。至此，红方有炮二平一和马三进二两种选择。

（1）炮二平一

④ 炮二平一　（图 9-16）　马 8 进 7

⑤ 车一平二　车 9 平 8　　　　⑥ 炮八进四

红炮过河以后形成一个类似五八炮进三兵对屏风马的进攻形势，伏平七压马或平三打卒的手段。

⑥………　炮8进4

黑方进炮对抢先手。

⑦炮八平三　马3进2

黑方进炮封车,要着。

⑧兵三进一　车1平3

⑨马三进四　炮8平3

⑩车二进九　马7退8

⑪相七进五　卒3进1

⑫马四进五　炮3平2

双方对攻,黑势不差。

(2) 马三进二

④马三进二 (图9-17)

红方跳外马兑炮,是保持先手的一种简明下法。

图9-16

④………　炮8平6

黑方进边马保持子力的灵活性。

⑤车一进一　马8进9

⑥车一平四　士4进5

⑦相七进五　卒9进1

黑方挺边卒活马,要着。

⑧仕六进五　马9进8

黑方强行进马,准备车9平8先弃后取。

⑨炮八进二　炮2进2

⑩车九平六　卒9进1

⑪炮二平一　马3进4

⑫兵三进一　卒7进1

⑬兵一进一　车9平8

⑭炮一平二　马4进3

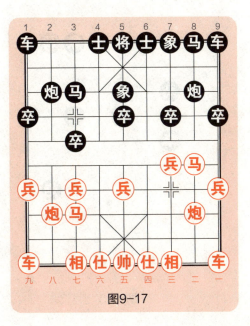

图9-17

双方互缠，红方稍好。

2. 炮8进4

③……　　炮8进4（图9-18）

黑方过河炮伏平7压马或平3吃兵的选择。

④ 相七进五　马8进7　　　⑤ 马三进二

红方进马封炮是保持先手的关键。如改走马三进四，炮8平3，车一进一，车9平8，黑方满意。

⑤……　　炮8平3　　　⑥ 车一进一

红方封住黑方左车以后，再起横车，次序正确。

⑥……　　象3进5　　　⑦ 车一平六　卒9进1

黑方冲卒准备大出车，正确。

⑧ 马二进三

红方正着。如改走车九进一，卒1进1，炮二平一，车9平8，黑方虽然损失一卒，但是左车顺利开出，得到补偿。

⑧……　　车9平8　　　⑨ 炮二平三　车8进7

黑方紧着，否则马三进五，象7进5，炮三进五，红方大优。

⑩ 马七退五　车8退3

⑪ 炮三退一

红方退炮准备给窝心马留出通路，好棋。

⑪……　　炮2平1

⑫ 马五进三　车1平2

⑬ 炮八平七　车8进4

双方大体均势。

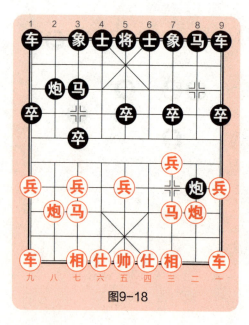

图9-18

第十章　布局学习方法

　　本章根据笔者以往的教学经验分四节，从四个方面来讲解如何学习好布局、初中级棋手如何提高布局水平。这部分内容也是本书的精华。第一节按时间顺序从纵向理顺布局的脉络；第二节讲解行棋的次序，这是从横向来理顺布局的内容；第三节侧重于棋手对于散手局的理解；第四节告诉棋手在学习布局要有创新的意识，有自己独特的见解，这样才能取长补短。

第一节 布局的演进

很多爱好者总喜欢把最新的对局作为研究对象，他们认为只有掌握了最新的布局动态在比赛中才不会吃亏。甚至可以用这种 "大盘" 来套一套对手，以求得布局阶段的优势。这种想法只对了一半，任何一个布局发展到今天都是一个从实战到理论再到实战的不断完善的过程，棋手必须要掌握好布局演进中的 "节点"，这些 "节点" 是布局理论和实战的精华，对棋手深入理解布局是非常必要的。无论是新着也好，旧谱也罢，万变不离其宗。

下面以顺炮直车对横车的演进过程来给读者讲述学习布局的方法。

1. 节点一：黑方天马行空变化的出世

① 炮二平五　炮8平5　　② 马二进三　马8进7

③ 车一平二　车9进1　　④ 车二进六

红方过河车是旧式顺炮布局中非常犀利的手段，这手棋的先手效率很高，直到天马行空变例出现后，才有所遏制。

④ ……　卒3进1　　⑤ 炮八平七　马2进3

⑥ 兵七进一　马3进4　　⑦ 兵七进一　马4进5

黑方马踏中兵与马4进6都是天马行空的走法。黑方虽然没有办法去处理车二进六的攻击手段，但是黑方通过天马行空的变例，对红方阵形产生很大的冲击力。由原来红方攻黑方守变成双方对攻，这对于黑方是非常重要的，改变了黑方被动受攻的不利局面，红方必须顾忌起来，双方布局战略上达到一种均衡。

⑧ 车二平三　马5退3

⑨ 车九进一　车9平4

（图10-1）

布局至此，红方虽然多一过河兵，但是本方阵形也存在被黑方反击的弱点，从而黑方达到了同红方"斗"炮的目的。

2. 节点二：红方补仕缓攻以慢打快

黑方天马行空变例的出现给红方带来新的挑战，经过大量的实战研究，红方走出仕四进五的变化，避开上述黑方进3卒形成天马行空的变化。

① 炮二平五　炮8平5　　② 马二进三　马8进7

③ 车一平二　车9进1　　④ 仕四进五　（图10-2）

图10-1

此为红方避免黑方卒3进1的官着。如黑方续走卒3进1，车二进五或车二进四都可保持先手。

④ ……　车9平4

⑤ 车二进六　马2进3

⑥ 车二平三　炮5退1

⑦ 马八进九　车4进3

⑧ 兵三进一　炮5平7

⑨ 车三平四

以下黑方有车4平6兑车和士4进5两种变化，发展下去都是红方占优。

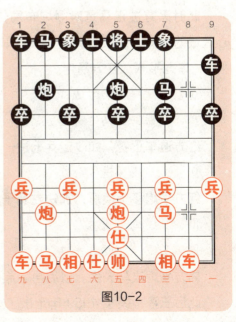

图10-2

3. 节点三：王氏将门车——车随仕转

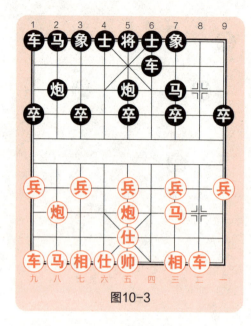

图10-3

红方为了避免黑方"天马行空"对攻变化，20世纪50年代兴起了仕四进五的变例。红方阵形稳健，黑方如何解决这个局面呢？特级大师王嘉良在研究中发现，此时走车9平6比车9平4更为有力，1957年全国象棋个人赛上王嘉良使用这一阵法战胜了湖北特级大师李义庭。这一变例被后人称为"王氏将门车"。

① 炮二平五　炮8平5
② 马二进三　马8进7
③ 车一平二　车9进1
④ 仕四进五　车9平6（图10-3）

黑方形成王氏将门车，可以更好地发挥横车的控制作用。

⑤ 车二进六　马2进3

此时黑方进正马是对顺炮布局传统形势的一个重要突破，加强了中心区域的防守，如改走马2进1，车二平三，炮2平3，马八进九，车1平2，车九平八，红方易走。

⑥ 兵七进一　车6进3
⑦ 炮八平七　卒3进1
⑧ 车二平三　马3进2
⑨ 车三退二

红方退车正着，如改走兵七进一，车6平3，红方左翼难以开展。

⑨ ……　士4进5
⑩ 炮五平四

红方平炮移步换形，加快左翼子力的开展，但也有失先之感。

⑩ ……　马7进8
⑪ 相七进五　卒3进1
⑫ 车三平七　炮5平7

黑方平炮攻马先手。以后再飞起中象，开通大车，局面已经反先。

此后王嘉良又于1959年走出了车随仕转的换肋变例，将王氏将门车的威力发挥到极致。

【例局1】顺炮直车对横车黑方车4平6换肋变例

① 炮二平五　炮8平5　　② 马二进三　马8进7
③ 车一平二　车9进1　　④ 车二进六　卒3进1
⑤ 车二平三　马2进3　　⑥ 马八进九　车9平4
⑦ 仕四进五　马3进4　　⑧ 兵三进一　车4平6（图10-4）

黑方换肋的变化是当年王嘉良所弈出的创新变化，当年全国赛后，与杨官璘在北京劳动人民文化宫举行的冠亚军表演赛上战成平手。此着是根据"以仕制车"策略所采用的一种控制将门和马路的战术。从步数上看黑方是亏了一手，但黑车抢占左肋后作用是不可小视的。

⑨ 炮八平六　马4进6　　⑩ 马三进四　车6平4

交换后红方中路防守力量变弱。红方可以考虑走车三平二，局势平稳。

⑪ 车九平八　炮2平3　　⑫ 车八进六　车1进1

黑方各子灵活，布局成功。

4. 节点四：孟氏进正马——黑方进双正马

20世纪60年代，由于过河车遇到天马行空的抵抗，子力出动均衡的边马缓攻型棋局得以广泛应用，红方可以稳扎稳打，持有小先手。根据红方阵形的特点，1962年全国赛上，初现"孟氏进正马"变例。

① 炮二平五　炮8平5
② 马二进三　马8进7
③ 车一平二　车9进1

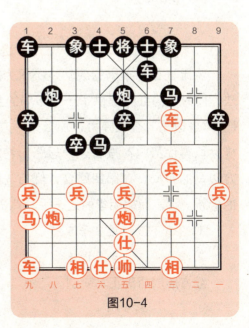

图10-4

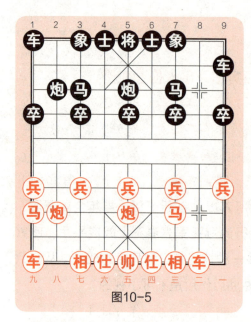

图10-5

④ 马八进九　马2进3

（图10-5）

特级大师孟立国针对红方进边马的形势，抛开棋手常用的车9平4横车过宫以及马2进1边马缓攻的走法，进正马加强对中央区域的控制。在1962年全国赛中使用并取得不错的成绩，被棋坛称为"孟氏进正马"。

⑤ 炮八平七　车1平2

⑥ 兵七进一　车9平4

⑦ 兵七进一　卒5进1

挺中卒活马是黑方跳正马的精华所在。

⑧ 兵七进一　马3进5

⑨ 车九平八　卒5进1

⑩ 兵五进一　马5进4

黑方反先。

5. 节点五：胡氏正马——红方进双正马

孟氏进正马布局的成功，不仅为黑方有效抑制红方布局找到了好办法，同时也为红方提供了一个布局的全新思路。既然后手方"进正马"比"进边马"有反弹力，那么先手方改"进边马"为"进正马"不同样会取得优势吗？按着这一思路，特级大师胡荣华经过研究，改革了红方边马的布局，在第四回合，红方先跳正马，至此开创了现代顺炮布局的全新一页，而胡荣华的这一手马八进七，也被棋坛称为"胡氏正马"。

① 炮二平五　炮8平5

② 马二进三　马8进7

③ 车一平二　车9进1

④ 马八进七　（图10-6）

红方形成胡氏正马变例。

④ ……　车9平4

⑤ 兵三进一

红方进三兵的功能不仅活通右马，也可以支援左马。

⑤ …… 车4进4

黑方此着在1974年全国赛陕西马长安对阵上海徐天利的比赛中被改进为车4进5。

⑥ 炮五平四　卒5进1

⑦ 相七进五　卒5进1

黑方如改走马2进3，兵七进一，车4进1，仕六进五，卒5进1，炮四进一，车4退2，兵五进一，红方先手。

图10-6

⑧ 兵七进一　车4进1　　⑨ 兵五进一　马7进5

⑩ 仕六进五　炮5进3　　⑪ 车二进五

红方占优。

6. 节点六：红方两头蛇兴起

红方正马进三兵的兴起对黑方是一个严峻的考验。棋手们经过总结发现，黑方第五个回合可以跳正马，形成双正马战术，以后借机升车或者车1进1形成双横车阵形。面对黑方双正马战术，红方当仁不让弈出了两头蛇战术，抑制黑方的双正马，至此顺炮布局发展到另一个段阶——顺炮直车两头蛇对正马双横车变化。

① 炮二平五　炮8平5　　② 马二进三　马8进7

③ 车一平二　车9进1　　④ 马八进七　车9平4

⑤ 兵三进一　马2进3　　⑥ 兵七进一　车1进1（图10-7）

到此，形成红方顺炮直车两头蛇对黑方正马双横车的定式。这是20世纪70年代中期流行的变化，是对车4进5的改进。

⑦ 炮八进二　车1平3

图10-7

黑方马后藏车！这是胡荣华最先研究出来的，这步棋的出现，红方很少再有人走炮八进二，现在多走仕六进五、相七进九、马三进四等变化。

⑧ 车九进二

红方升车护马，否则黑方卒3进1弃卒后，伏有马3进4的反击手段。

⑧ ……　　卒5进1

⑨ 马七进六

红方如进七路马，黑方有强冲3卒的手段，红方可以考虑改走马三进四。

⑨ ……　　卒3进1

黑方弃车为必走之着。

⑩ 炮五平六　　卒5进1

⑪ 炮六进六　　卒5平4

⑫ 相三进五　　车3平4

⑬ 兵七进一　　马3进5

⑭ 兵七进一　　卒4进1

⑮ 仕四进五

红方应炮八平五兑炮，以消除黑方的进攻子力。

⑮ ……　　卒4平5

⑯ 车二进三　　卒5进1

⑰ 相七进五　　马5进4

黑方占优。

【例局2】1982年全国团体赛杨官璘先负胡荣华

20世纪70～80年代顺炮布局中黑方双正马战术十分流行，棋手研究发现此时红方不挺三兵，先挺七兵也是较有针对性的应着，于是顺炮正马七兵对正马横车的布局悄然兴起。

① 炮二平五　　炮8平5

② 马二进三　马8进7
③ 车一平二　车9进1
④ 马八进七　马2进3
⑤ 兵七进一　（图10-8）

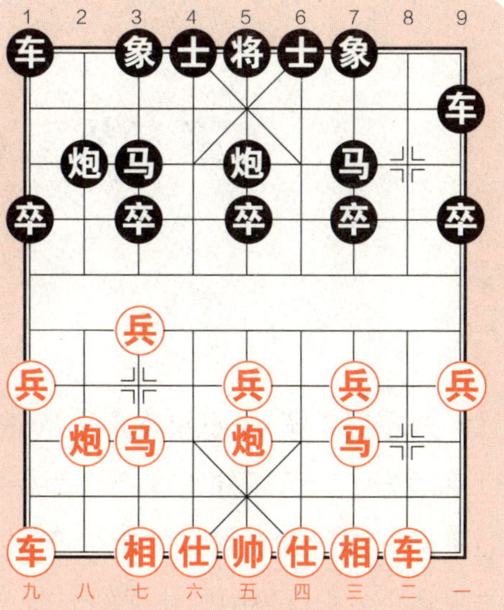

至此形成顺炮正马进七兵对正马横车的布局定式。红方进七兵，制约黑方3路马，活通己方七路马，阵形稳健。黑方主要有应法有车9平6、车1进1、卒7进1、车9平4等应着。

⑤ ……　车9平6

黑方车占左肋，最早见于1973年上海市赛，任观松执黑对阵胡荣华之战。

⑥ 仕六进五　车1进1　　⑦ 车二进四　车1平4
⑧ 炮八平九　炮2进4　　⑨ 车九平八　炮2平3
⑩ 炮五平六　卒5进1　　⑪ 相七进五　卒5进1

红方如改走车二平五，马7进5，车五平二，卒7进1各有千秋。

⑫ 兵五进一　马7进5　　⑬ 兵五进一　马5进7
⑭ 兵三进一　马7进5　　⑮ 车二退一　炮3平7
⑯ 炮六退二

红方先手。

理解了这些布局演进中的节点，就等于了解这个布局成长的过程，这样更加有助于我们把握布局的方法，深入理解布局的理论，更有助于我们对布局进行改进与发展。

图10-8

第二节　布局的手顺

对布局手顺（行棋次序）的研究是在打谱过程中要注意的细节，通过手顺分析，可以知道这个棋为什么这么下，这么下的好处在哪里。手顺不同，棋局的发展方向也会不同。正确手顺是通向胜利的坦途，错误的手顺将会把棋局引向错误的方向。

下面我们通过一则布局定式来分析为什么要重视布局的手顺。

【例局1】飞相对右士角炮
定式详解：

飞相局是一种历史悠久的布局类型，长期以来飞相局一直被认为是注重防守的布局，在实战中使用的人很少。其实并非如此，飞相局同中炮局一样，自有一套攻守体系，由于中炮局是直观的，理论上易懂，实践中容易掌握，而飞相局则理论性相当强，动作极为细腻，经常在平淡之中暗藏杀机。

① 相三进五　炮2平4

以士角炮应对飞相局，是一种伺机而进的稳健战术。这种布局弹性较大，含蓄，锋芒内敛，内涵深广。它和过宫炮虽然同属寓攻于守型，不同之处是士角炮两翼子力部署比较均衡，阵地战的特点更加突出。最早见于1982年"上海杯"赛孟立国应战傅光明一局，由于孟立国在布局阶段出现一步软手，被傅光明抓住战机，破象夺胜，对于这一路变化当时还没有引起广大棋手的注意。以后，经过辽宁棋队的集体研究和认真估量，卜凤波、尚威及苗永鹏在 1987 年的 "金菱杯"赛、全国象棋个人赛、第六届全运会中均祭出这步应手对付飞相局。虽然右士角炮战局不多，却引起了人们的注意，很多棋手仿效运用，为象棋理论研究提供了新的信息。

② 马八进七

红方先跳左正马准备布成屏风马阵势，是先手方较为流行的变化。

② …… 卒 3 进 1

黑方冲卒，准备跳右正马，加强中心区域的控制力。

③ 车九平八　马 2 进 3　④ 兵三进一

红方挺三兵为右马开通道路，准备布成屏风马进三兵的稳健阵势。

④ ……　车 1 平 2　⑤ 马二进三　马 8 进 7

黑方进马开动子力，正着。如改走车 2 进 6，马三进四，马 8 进 7，炮八退一，象 7 进 5，炮八平三，车 2 进 3，马七退八，士 6 进 5，炮二平四，车 9 平 8，车一平二，炮 8 平 9，车二进九，马 7 退 8，炮三进五，红方先手（选自 2006 年第 5 届"嘉周杯"象棋特级大师冠军赛胡荣华对陶汉明的对局）。

⑥ 马三进四

红方进马，控制河口。

⑥ ……　车 9 进 1

黑方出横车，伺机抢占 6 路威胁红方河口马，是力争主动的下法，如改走车 2 进 6，双方变化较为平稳。

⑦ 炮二平四

红方如改走仕四进五，车 9 平 6，马四进三，炮 8 进 4，车一平四，车 6 进 8，仕五退四，炮 8 平 3，黑方反先。

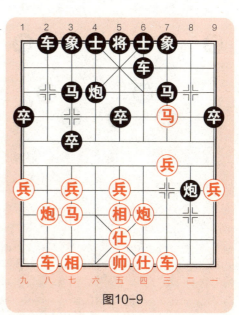

图10-9

⑦…… 炮8进3　　　⑧马四进三　车9平6
⑨仕六进五　炮8进1　⑩车一平三　（图10-9）
红方稍好。

手顺分析：

①相三进五　炮2平4　　②马八进七　马2进3（图10-10）

黑方跳右正马，准备加强对中心区域的控制，但是这一手次序错误，应先挺3卒。

③兵七进一

红方挺兵制马，符合棋理。这也是红方取得优势的关键。

③…… 车1平2　　　④车九平八　车2进4

因为红方有炮八进四的先手，所以为了防止封车，黑方只好先进一手车。

⑤炮八平九

无论黑方兑不兑车，3路马都将成为局面的弱点。

因此，黑方如果想跳正马，必须要先挺3卒，否则局势不利。

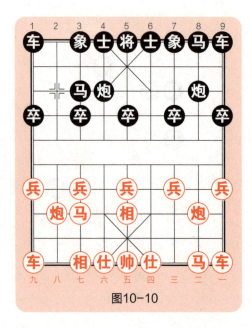

图10-10

【例局2】实战河北胡明胜山西黄芳

①相三进五　炮2平4
②马八进七　马2进3
③车九平八　车1平2
④兵七进一

红方进七兵是抢占布局要点的先手。

④…… 车2进6

黑方如改走车2进4，炮八平九，与实战相同。

⑤ 炮八平九　车2进3　　　　　⑥ 马七退八

⑥ ……　卒7进1

黑方挺7卒必然，否则被红方再抢到进三兵的机会，黑方子力不易展开。

⑦ 马二进三　马8进7　　　　　⑧ 炮二进四

红方进炮也是一个正确的次序，如先走马八进七，则马7进6，红方的七路马受控。

⑧ ……　象3进5

黑方补象正确，如改走马7进6，炮二平七，象3进5，马八进七，黑方河口马位置欠佳。至此黑方大致有两种走法：一是车9进1，车一平二，炮8平7，车二进四，马6进7，马七进六，红优；二是车9平8，车一平二，炮8进5，兵三进一，卒7进1，相五进三，车8进6，马三进四，车8平6，马四进六，红优。

⑨ 炮二平七　车9平8　　　　　⑩ 车一平二　炮8进6

⑪ 马八进七　马7进6　　　　　⑫ 兵三进一　卒7进1

⑬ 相五进三　炮4退1　　　　　⑭ 仕四进五

红方补仕稳健，也可走马三进四。

⑭ ……　炮4平6

黑方平炮遏制红方三路马，可行。

⑮ 炮九平八　车8进4

⑯ 兵七进一

红方冲兵扩大先手。

⑯ ……　马6退7

黑方不能象5进3，否则炮八进三后红方大优。

⑰ 兵七平六　（图10-11）

布局至此，红方先手。以下着

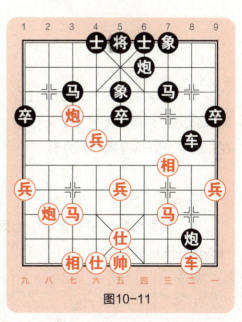

图10-11

法内容供参考。

⑰ ……　　　炮8退1　　　　⑱ 相三退五　炮6平8
⑲ 马三进四　车8进1　　　　⑳ 炮八进二　车8退3
㉑ 马七进六　士4进5　　　　㉒ 兵六进一　卒5进1
㉓ 马四进三　象5进7　　　　㉔ 马六进四　马7退8
㉕ 炮八平三　象7进5　　　　㉖ 马三退五　马8进6
㉗ 马五退七　前炮退3　　　　㉘ 马四进三　马3退1
㉙ 马三退二　炮8进3　　　　㉚ 炮三平五　炮8进1
㉛ 马七进五　将5平4　　　　㉜ 炮七进二　马6退8
㉝ 炮七退四　（红胜）

第三节　布局练习的方法

布局的学习方法有很多，打谱、复盘是最常见的两种方法。这里向大家介绍一种局面倒推法，通过这个训练可以让读者自如应对散手局，在布局中可以迅速地找到方向。

【例局1】 如图10-12。

这个局面相信很多业余棋手都很熟悉，但是你知道有几种局面可以演成这一阵形吗？

局一：

① 兵七进一　卒7进1　　　　② 马八进七　炮8平5

③ 马二进三　马8进7
④ 车一平二　车9平8

局二：

① 兵七进一　炮8平5
② 马八进七　马8进7
③ 马二进三　车9平8
④ 车一平二　卒7进1

局三：

① 马二进三　卒7进1
② 兵七进一　炮8平5
③ 车一平二　马8进7
④ 马八进七　车9平8

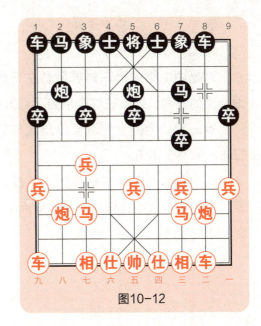

图10-12

"局一"是由对兵局演变过来的，"局二"是由仙人指路对左中炮演变过来的，"局三"是由起马对挺兵局演变过来的。一个局面可能由不同种布局演变而成，这说明了布局是相通的，只要符合棋理，遵守布局原则，可以随时演成其他的布局，这样对棋手的布局灵活性和布局熟练性提出了更高的要求，这一步读者要细加研习。

【例局2】如图10-13。

这个局面又是由什么布局演变而成的呢？

很多业余爱好者会给出这样的答案：

① 炮二平五　马8进7
② 马二进三　车9平8
③ 车一平二　马2进3
④ 兵七进一　卒7进1

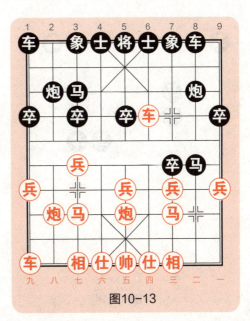

图10-13

⑤车二进六　马7进6　　⑥马八进七　卒7进1
⑦车二平四　马6进8

这是由中炮过河车对屏风马左马盘河演变成的布局阵势。这显然是很标准的答案，那么在这个局面下红方有几种应法呢？

有一定功力的爱好者会给出这样的答案，红方主要有两种下法：兵三进一和马三退五。

这个答案也是非常标准的。不过，经验丰富的棋手又会给出一个答案，上图还可以由这样的布局演变而成：

①兵七进一　卒7进1　　②马八进七　马8进7
③炮二平五　马2进3　　④马二进三　车9平8
⑤车一平二　马7进6　　⑥车二进六　卒7进1
⑦车二平四　马6进8

这个答案正确吗？

显然这个答案略有问题，问题在哪里呢？就在第5回合，黑方无论如何是不会选择马7进6（图10-14）的。

这手马7进6显然没有好的战术目标，最多就是马6进7换得一兵，却造成左翼车炮易受牵制，如果不想被牵制保持担子炮的状态，那么黑方中路就不能走象7进5或象3进5进行补棋，也不能动马，黑方完全落入下风。在这时黑方多选择炮2进4，以下兵五进一，炮8进4，演变成双炮过河的阵形，最终形成图10-15这个局面。

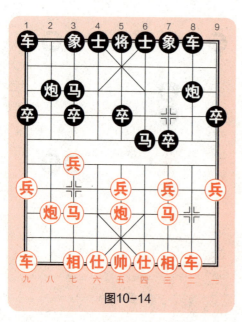

图10-14

那么图10-13的阵形可不可以这样演变而成呢？

①兵七进一　卒7进1
②炮二平五　马8进7

③马二进三　车9平8　　　　④车一平二　马2进3

⑤车二进六　马7进6　　　　⑥马八进七　卒7进1

⑦车二平四　马6进8

这个答案也是一个不精确的选择，黑方在第4回合会考虑走炮8进4，以下马八进七，炮2平5，形成左炮封车转后补列炮的局面。

双方布局具体的走法应该是这样的：

①兵七进一　卒7进1　　　　②炮二平五　马8进7

③马二进三　车9平8　　　　④车一平二　炮8进4

⑤马八进七　炮2平5（图10-16）

【例局2】教给我们布局的分析方法，这一点和上一节布局手顺问题是相联系的，通过这样的学习能更好地帮助我们理解布局的内容。有兴趣的读者可以细细品味。

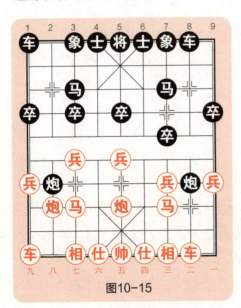

图10-15

图10-16

第四节　建好自己的布局库

学习布局不能光背棋谱，棋局变化无穷，背谱背到何时了呢？新的棋谱不断地出现，即使你背得再快、再好也只是跟着别人的足迹，自身的创造力等于零。这样的棋下起来很累，也没有什么味道。

建好自己的布局库，练就属于自己的布局，往往在比赛中可以出奇制胜。下面我们通过两则实战对局来理解建好布局库的重要性。

【例局1】实战北京蒋川胜四川李少庚

① 炮二平五　马8进7　② 马二进三　车9平8
③ 车一平二　马2进3　④ 兵七进一　卒7进1
⑤ 车二进六　炮8平9　⑥ 车二平三　炮9退1
⑦ 马八进七　士4进5　⑧ 炮八平九　车1平2
⑨ 车九平八　炮9平7　⑩ 车三平四　马7进8
⑪ 炮五进四

双方以五九炮过河车对屏风马平炮兑车布局。熟悉蒋川的棋友想必都记得，这路炮打中卒的变例曾是蒋川最为喜爱的攻击利器。面对李少庚大师蒋川再次祭出旧阵，想必又准备了秘密武器。

⑪ ……　　马3进5　⑫ 车四平五　炮7进5
⑬ 马三退五　炮2进6　⑭ 马七进六　马8进9
⑮ 马五进七

以上几个回合双方输攻墨守都是常见的变化。此时，红方马五进七是一着新变。以往多走相七进五，马9进8，车五平四，车8进2，马五退七，炮7平9，仕六进五，马8退7，马七进六，车8平2，黑方可以满意。

⑮ …… 车8进2（图10-17）

面对蒋川的新着，李少庚思考再三，决定选择提横车策应右翼的下法。这手棋好不好呢？答案是不好。但是临场面对新着，棋手选择一种接近于棋理的下法也无可厚非，谁又能在电光火石的瞬间找到正确答案，破解掉对方潜心研究的"飞刀"呢？局后拆解这手棋，黑方应走车8进4，以下相七进五，卒7进1，车五平一，马9进8，仕六进五，炮7进1，炮九进四，卒7进1，局势复杂，黑方足可抗衡。

图10-17

⑯ 车五平一　马9退7　　⑰ 仕六进五

红方先补仕次序正确。如改走相七进五，则炮7进1，仕六进五，马7进5，红方无趣。最终蒋川赢得胜利。

【例局2】实战湖北汪洋胜北京蒋川

① 炮二平五　马8进7　　② 马二进三　车9平8
③ 车一平二　马2进3　　④ 兵七进一　卒7进1
⑤ 车二进六　炮8平9　　⑥ 车二平三　炮9退1
⑦ 兵五进一　士4进5　　⑧ 兵五进一　炮9平7
⑨ 车三平四　卒7进1　　⑩ 马三进五　卒7进1
⑪ 马五进六　车8进8　　⑫ 炮五退一

翻开汪洋大师的对局记录，我们就可以看到，汪洋大师每当下到比赛的关键时刻，都会选择红方急进中兵的变化，而比赛的结果每每都让汪洋如愿以偿。可见汪洋大师对这一布局研究之深。红方炮五退一是2004年广东队集体研究出来的下法，其目的是阻止黑方平车捉炮的手段，同时也为联相或反架中炮做好准备，这是红方最为经典的变例之一。

⑫ …… 马3退4

⑬ 车九进一　车8退3

（图10-18）

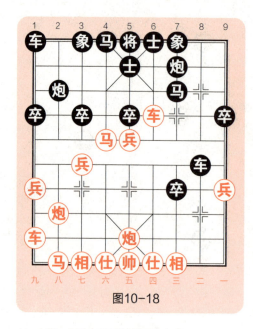

图10-18

黑方退车新着，在过去的比赛中，大师们的经典下法几乎都是选择卒5进1，以下炮八平五，车8退4，马八进七，马4进5，马六进五，象7进5，黑方足以抗衡。蒋川对此布局研究很有心得，不过，汪洋对这一布局也是很有研究，这样就要看谁的准备更充分，谁对局面理解更深刻了，这也预示着一场"暴风雨"就要来临。

⑭ 炮八进二　车8退1　　⑮ 马六进八

通常我们选择棋路时，前辈都会告诉我们要记得：车路要通，马路要活。这几乎成为我们的一个思维定式。而此时，汪洋大师却反其道而行之，马入禁地，不能不说是一支"奇兵"。

⑮ ……　车1平2

黑方如随手走炮2进3，则车四进二！马4进5，兵五进一，红方中兵长驱直入，黑方防不胜防。

布局至此，双方进入复杂的中局争斗中。

从以上两则例局中我们可看到大师们对各种布局的拆解十分通透，并且对其中的某些布局有独到的见解和深入的研究，时有创新，能根据不同对手的特点，灵活运用战术。经常在布局阶段就取得有利的态势，或多兵或得势，然后凭借深厚的中残局功力取胜对手。

这一点正是我们要学习的，要想成为高手，就不能总是跟着高手的足迹走，要有创新。古老的象棋也需要通过棋手们的不断创新增加新鲜血液，焕发青春。